トラブル
相談
シリーズ

飲食店経営の
トラブル相談

基礎知識から
具体的解決策まで

一般社団法人フードビジネスロイヤーズ協会 [編]

Food Business Management

発行 民事法研究会

はじめに

　私たち、一般社団法人フードビジネスロイヤーズ協会（FBLA）は、飲食店を中心として飲食に携わるすべての事業者を応援したいという熱い志を有する全国の弁護士により発足した団体です。会員弁護士は、家業や副業、職歴として、自ら飲食業界にかかわるなど、全員、公私において飲食業界に深く携わっています。また、弁護士としての専門的な知見を持つとともに、何より、「食」に対して熱い思いを持っています。

　本書執筆時点において、飲食業界は、新型コロナウイルス感染症の影響で、非常に厳しい状況に立たされています。度重なる自粛要請により、事業としての存続自体が危ぶまれ、撤退や廃業を決断した事業者も少なくありません。

　このような逆境にもかかわらず、多くの事業者は、既存店を守り抜く努力を惜しまずに、粘り強く創意工夫を凝らしており、デリバリーやテイクアウトだけでなく、新規出店や、新業態、さらには、一歩進んだ新事業まで、積極的に新しい道を模索し、展開する事業者もみられます。このような力強さ、フロンティアスピリットこそが、飲食業界の底力であり、魅力です。私たちは、どのような状況でも、法的および経営的な視点から、飲食業界を支えるべく活動を続けてまいります。

　本書は、全く新しく飲食店を開業する方や、これから店舗を拡大していきたいが、法務までコストをかけることが難しい中小飲食店向けに、事業者自身による経営判断の羅針盤となることを目的として執筆されています。そして、規模にかかわらず、飲食店の経営や法務についての基本的な考え方は同じですので、100店舗以上の飲食店を抱える大規模事業者の法務部門の方にもご一読いただきたいと思っています。

　また、飲食店にまつわる典型的な紛争を網羅している類書はほとんどありませんので、飲食事業をご支援いただいている士業やコンサルタントなど専

1

門家の方にもご活用いただけるはずです。

　コロナ禍の中で大変に厳しい経営環境におかれている飲食業界ですが、この苦難を1日も早く乗り越えらえられることを祈っています。そして本書が、飲食業界のさらなる発展に少しでも寄与することができれば、これに勝る喜びはありません。

　　2021年8月
　　　一般社団法人フードビジネスロイヤーズ協会代表　弁護士　石﨑　冬貴

```
┌─────────────────────────────┐
│  『飲食店経営のトラブル相談 Q&A』  │
│            目　次              │
└─────────────────────────────┘
```

第1章　飲食店経営をめぐる法律

第2章　開業時に関する相談

第3章　店舗に関する相談

第4章　お客様に関する相談

第5章 契約・取引に関する相談

第6章 従業員に関する相談

凡　例

[法令]

景品表示法	不当景品類及び不当表示防止法
個人情報保護法	個人情報の保護に関する法律
小振法	中小小売商業振興法
小振規	中小小売商業振興法施行規則
独禁法	私的独占の禁止及び公正取引の確保に関する法律
ストーカー規制法	ストーカー行為等の規制等に関する法律
風営法	風俗営業等の規制及び業務の適正化等に関する法律
暴力団対策法	暴力団員による不当な行為の防止等に関する法律
育児介護法	育児休業、介護休業等育児又は家族介護を行う労働者の福祉に関する法律
男女雇用機会均等法	雇用の分野における男女の均等な機会及び待遇の確保等に関する法律
個別労働関係紛争解決促進法	個別労働関係紛争の解決の促進に関する法律
派遣法	労働者派遣事業の適正な運営の確保及び派遣労働者の保護等に関する法律
パワハラ防止法	労働施策の総合的な推進並びに労働者の雇用の安定及び職業生活の充実等に関する法律
パートタイム・有期雇用労働法	短時間労働者及び有期雇用労働者の雇用管理の改善等に関する法律
労災法	労働者災害補償保険法

[判例集]

民集	最高裁判所民事判例集
労民集	労働関係民事裁判例集
集民	最高裁判所裁判集民事
判時	判例時報
判タ	判例タイムズ

7

目 次

第1章

飲食店経営をめぐる法律

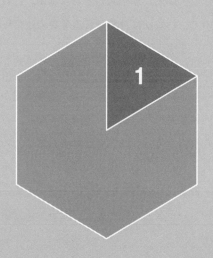

1　飲食店と法律のかかわり

　飲食店は、開業から日々の営業、そして閉店まで、あらゆる点で法律とかかわります。それは、飲食店が、日々、多くの人と利害関係を持つからです。飲食や小売り、サービス業が、「お客様に一番近いビジネス」と言われるゆえんです。

　では、一口に「法律」と言っても、飲食店はどのような法律とかかわるのでしょうか。数多くある法律は大きく分けると、行政法、民事法、刑事法と分類できます。行政法は、許認可や届出など、お店を営業するにあたって役所に対して行わなければならない最低限のルールを定めるものです。民事法は、いわゆる人と人との権利関係についてのルールを定めるものです。刑事法は、犯罪と刑罰についてのルールを定めるものです。ある意味で、刑事法が一番イメージしやすいかもしれません。

　具体的な局面を見ていきましょう。たとえば、開業時には、保健所に行って営業許可を取ったり、消防署へ行って防火対象物使用開始の届出を行ったりしなければなりません。また、税務署への開業届や毎年の確定申告、人を雇えば就業規則の作成・届出などが必要となります。これらは、いずれも役所に対して行うもので、行政法に分類される多数の法律により、いろいろなルールが定められています。

　日々の営業時には、店舗として使用するための物件を借りなければいけませんから、賃貸借契約を結ぶことになります。金融機関から開業資金や運転資金を借りたり、内装業者や仕入業者、清掃業者など、さまざまな業者と契約を結びます。もちろん、毎日、お店を訪れるお客様との間でも、契約は成立しています。クレームなど、お客様との間でのトラブルもあるでしょう。また、人を雇えば、従業員との間で雇用契約を結びます。これらは、いずれもお店とかかわるいろいろな人との関係で、民事法に分類される多数の法律が出てきます。

最後に、食中毒によって死者が出たり、従業員が横領したように、誰かに大きな被害が出たときには、民事法だけではなく、犯罪として捜査が行われ、最終的に刑事罰が科されることがあります。この場合に出てくるのが、刑事法に分類される法律です。無許可での営業や脱税など、行政法からはみ出た部分についても、刑事法は出てくることになります。

このように、飲食店は、いつの時点でも、常に法律とかかわっていますから、健全な飲食店経営を行うために、最低限の法律知識は不可欠なのです。

2 飲食をめぐる最新の法律

飲食店はさまざまな場面で法律とかかわります。かかわる法律が多ければ多いほど、その改正についても情報収集しなければなりません。

たとえば、飲食店は、通常、正社員やパートタイマー・アルバイトなど、多数の従業員が共同で一つの店舗を成立させていますから、労働関係の法令が非常に重要です。昨今、労働基準法等の改正（いわゆる「働き方改革関連法」）を中心に、労働施策の総合的な推進並びに労働者の雇用の安定及び職業生活の充実等に関する法律の改正（いわゆる「パワハラ防止法」）、同一労働同一賃金に関する判例など、重要な法改正や判例が出ています。また、慢性的な人手不足により、外国人雇用も盛んです。これに伴い、出入国管理及び難民認定法（いわゆる「入管法」）も改正され、技能実習ビザや特定技能ビザなど新たな在留資格ができるとともに、雇用時の在留資格の確認など、事業者の負担も増えています。

飲食店といえば、食品衛生法ですが、普段は営業許可や食品衛生責任者しか意識しません。しかし、最近の改正により、「HACCP」（国際的な基準に沿った衛生管理基準）が導入され、個店を含む小規模事業者においても、「HACCP」に沿った衛生管理が義務づけられました。これまでのように、店舗や従業員個人の主観による衛生管理ではなく、店舗やメニューごとにリスクを分析し、科学的に客観的な方法で食品の安全性を確保する手法を導入

しなければなりません。

　これらのほかにも、消防法の改正（原則すべての飲食店に消火器の設置）、新型インフルエンザ等対策特別措置法の改正（新型コロナウイルスなどによる時短命令に違反した場合の過料）など、頻繁な改正が行われていますから、常に、最新の情報を把握しておかなければなりません。

③　飲食法務の特徴

　このように、飲食店と法律は密接にかかわっていますが、飲食店に携わる方ならわかるように、契約書などほとんど見たことがないと思います。また、税理士を除いて、弁護士や行政書士などの専門家に依頼したという話はあまり聞きません。

　それはなぜかといえば、ほとんどの場合で、法律を意識せずとも日々の営業ができてしまうからです。

　許認可や届出は、役所に聞きながら、事業者自身で対応することができます。そもそも、本当は必要な許可を得ていなかったり、届出を行っていなかったとしても、役所やお客様、もちろん事業者自身もそれに気づかず、日々の営業を行っている場合もあります。

　また、さまざまな取引先とのやり取りも、発注書や納品書を FAX やメールでやり取りして終わりです。契約書といわれて思いつくのは、物件を契約する際の賃貸借契約書くらいのものでしょう。

　それでも、法律上、営業の内容に即して、許認可や届出は必要です。個々の取引先や、もっといえば日々のお客様の食事の際にも、口頭で契約が成立しています。もちろん、契約書は交わしません。

　また、トラブルというと、裁判や刑事事件と思い浮かべるかもしれませんが、そんなことはありません。少し毎日の営業を思い出してみてください。お客様からのクレームはありませんか？　従業員が調理中にケガをしたことはありませんか？　取引先との間で発注や納品ミスがあったことはありませ

んか？　これらはすべて法的紛争です。もちろん、ほとんどの場合は、お詫びとあわせて、返金や金銭的補償を行えば、そこで解決してしまいます。裁判や、まして、刑事事件になることなどほとんどありません。

つまり、飲食店でも、契約やトラブルは日常的に多数発生しているのです。むしろ、ほかの業界よりも、多く発生しているといえます。ただ、そのどれもがあまり大ごとにならず、専門家に相談せずとも解決できているため、気づきにくいだけなのです。

リスクとの兼ね合いで、契約書や和解書などを作成していないだけで、日常的に小さな契約や紛争は多数生じている、というのが、飲食店をめぐる法律の特徴といえるでしょう。

ただ、それは、飲食店経営に法律知識や専門家など不要、ということを意味しません。飲食店もコンプライアンスが求められる時代です。「やってみて怒られたら考える」というのでは、あまりに無責任でしょう。また、各種補助金や助成金、金融機関からの借入れの局面で、ルールを守っているか、契約関係はどうなっているか、適切に把握し、整理しておくことは非常に重要です。もちろん、紛争化した場合は、しっかりと解決し、後顧の憂いを断つことで、本業にも邁進することができます。

4　飲食店と専門家のかかわり方

(1)　飲食店向け

飲食店経営者とお話しすると、必ず「法律家に頼むような相談はないなあ」と言われます。でもそれは本当でしょうか。気づいていないだけで、実は毎日、多くの契約や紛争が生じているのは、前述のとおりです。

そんなとき、私はこうご質問します。「どんなときに法律家に相談したいと思いますか？」。大体の場合、「今のお店を撤退するときに大家さんと揉めたときかな」とか、「従業員から残業代を請求されたら困る」といった回答があります。そして、「今は何もないですから大丈夫ですよ！」と続きま

す。しかし、当然ですが、大家さんとの契約も従業員との契約もすでに開始しています。仮に揉めたときに参照するルールは、すでに決まっているのです。にもかかわらず、私が、「物件の契約を見せてください」、「雇用契約書は交わしていますか？」、「就業規則はありますか？」と尋ねると、まず書類がどこにあるかすらわからない、となるのです。

　私の経験上、飲食店のほとんどのトラブルは、予防できるか、事前にリスクとして把握できていたはずのものです。原状回復工事の範囲は、賃貸借契約の締結時に決められていることがほとんどですし、どうにもならないのは、転倒や食中毒など、事故くらいのものでしょう。なんとなく「まあいいか」で進めてしまったために、元々リスクは存在していて、それが何かをきっかけに現実化したというだけなのです。

　飲食店経営者に知っておいてほしいのは、士業は怖くないということです。もちろん、主に座学の世界ですから、とっつきにくい方がいるのも間違いありませんが、それはどの世界でも同じです。以前と違って、インターネットで検索すれば、専門性や経歴などは容易に情報収集が可能です。あとは、電話や面会で話してみて、相性を確かめてみましょう。

　また、これからの時代、業務の効率化は避けられません。日々の営業の中で、自身で行わざるを得ない業務以外は、外注やAIなどをフル活用し、調理やサービスなど、核心部分に注力すべきです。その意味で、法務、税務、労務といった本業ではない業務は、まさに専門家に外注すべきものの筆頭といえるでしょう。

　ぜひ、専門家をフル活用し、日々の営業に専念なさってください。

(2)　専門家向け

　専門家の中には、飲食業界を避ける傾向もあります。確かに、飲食店経営者は、書面作業に慣れておらず、コミュニケーションが取りにくい場合があります。また、日々の営業に従事している場合もあり、そもそも日中は連絡が取れないということも少なくありません。主に、オーナー兼シェフのよう

な小規模個店を念頭に、飲食店経営者の相談を受ける際のポイントをお伝えしたいと思います。

まず、法律やビジネスの常識は全く知らない前提で説明すべきです。飲食店経営者の中には、本気で、「職人の世界」や修行先のルールを持ち出す方もいますが、それが通らないのだというところから理解してもらわなければなりません。法令遵守がどれだけ重要かもわかってもらうように意識しましょう。

次に、飲食店経営者は、筋やメンツを重視することが多く、「不利でもよいから交渉してくれ」、「時間も費用もいくらかかってもよい」、「ダメもとで申請してほしい」といった依頼があります。その言葉を額面通りに受け取って、素直に依頼を受けると、最後になって、「そんなつもりではなかった」とトラブルになることも珍しくありません。そのような依頼に対しては、事前に、費用対効果、損得勘定についてしっかりと説明するべきです。専門家の費用や作業の手間などを事前に説明することで、依頼すべきか冷静に検討してもらうことができます

また、技術的な部分ですが、小規模飲食店は、当然ながら、総務担当や人事担当、営業など分かれておらず、調理やサービス以外、ほぼすべて1人でやっているケースがあります。したがって、打合せの時間は限られると考えてください。時間が許す限り、店舗やオフィスを訪問すべきですし、信頼関係の醸成にもつながります。そして、一番の問題は、連絡手段が限られることです。専門家が一般的に用いるメールやFAXなどはあまり使いません。主に電話対応で、書類のやり取りをしたい場合は、LINEやFacebookといったメッセンジャーアプリがほとんどです。顧客対応ということで、こういったコミュニケーションツールも積極的に導入すべきです。

最後に、前述のとおり、飲食店の相談は、多岐、他分野にわたります。そのため、他士業との連携は不可避です。新店舗の許認可であれば行政書士、会社の設立、登記であれば司法書士、税務は税理士、会計は公認会計士、労

務、保険は社会保険労務士、商標の出願は弁理士、店舗トラブルは建築士や施工管理技士、賃料の増減額であれば不動産鑑定士、法的紛争は弁護士など、あらゆる相談に対応できるチーム作りが必要です。できるだけ、ワンストップで対応できるように、士業間の連携を心がけてください。

第2章

開業時に関する相談

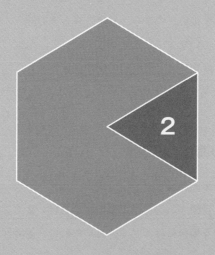

Q1　飲食店を開く際に必要な許認可

> これから新しく飲食店を開業しようと思っています。営業許可を取らないといけないと思いますが、具体的な流れや営業許可が取れるまでの期間などを教えてください。また、営業許可以外に必要な許可などがあれば教えてください。

▶ ▶ ▶ Point

① 設備にもよりますが、通常は開業まで１カ月程度かかります。

② 必要な許可は業種によっても異なるので、必ず保健所に相談をしてください。

③ 食品衛生責任者の資格は必ず取得しておいてください。

1 営業許可とは

　飲食店の営業許可とは、言うまでもなく、飲食店を営業するための許可です。飲食店は食品を扱いますから、健康被害を極力減らすために、飲食店の営業を許可制にしています（食品衛生法55条１項）。和食、洋食、焼肉、居酒屋など、一般的な飲食店は、飲食店の営業許可があれば問題ありません。万が一、無許可で営業すると、２年以下の懲役または200万円以下の罰金（もしくは両者の併科）という厳しい罰則があります（同法82条１項・２項）。

2 営業許可の流れ

(1) 保健所での事前相談

　まずは、店舗を管轄する保健所で事前相談を行います。物件を新しく借りて、内装工事も行う場合には、必ず、工事の前に、設計図面を持参して相談

してください。事前相談は、内装工事の工事業者同伴で行うとスムーズです。最近は居抜きの場合が多いですから、その場合は、現状を図面に起こして相談することになります。

　その際に、保健所から指摘された事項については、後記(3)の施設の確認検査までの間に改善しておきましょう。

(2)　申請書類の作成

　必要書類や手数料については、自治体によって異なりますので、事前相談の際に確認してください。一般的には、営業許可申請書、図面、食品衛生責任者の資格証明書（後記3参照）ですが、専門的な知識が必要な部分もありますので、必ず、こちらも内装業者などの専門家と相談しながら作成してください。すべての資料や情報が整っていれば、事前相談のその場で作成し、提出することも可能です。

　なお、後記(3)の施設検査は、予約制ですから、開業を急いでいる場合には、早めに（少なくとも1週間から10日ほど前）申請書類を提出しておきましょう。急ぎの場合は、急いでいる旨伝えると、少し早く検査の日程を入れてくれる場合もあります。

　なお、令和3年6月1日より、厚生労働省による「食品衛生申請等システム」の運用が開始され、オンラインでの許可申請、届出等が可能になりました。ただ、本書発行時（令和3年8月）では、決済システムも導入しておらず、可能な手続は申請や届出、変更、廃業等にとどまり、後記(3)の確認検査はもちろん、手数料の納付も保健所で行う必要があります。

(3)　施設の確認検査

　保健所の担当者が、実際に店舗に来て、施設が図面や申請内容と一致しているか、事前相談での指摘事項が改善されているか、施設基準（具体的な基準については、食品衛生法54条に基づく各都道府県の食品衛生法施行条例によって定められている）に照らしてそのほかの問題点はないかなど細かくチェックしていきます。通常の飲食店であれば1時間程度あれば終わりますが、広

さや構造にもよりますので、余裕を持っておきましょう。基本的には営業許可を受ける方（店のオーナー）の立ち会いが必要です。問題がなければ、営業許可書の交付予定が書かれた書面を渡されます。もちろん、問題があればその場で指摘されますので、改善して、再度、検査を受けることになりますが、軽微な場合や判断が難しい場合は、営業開始までに改善することを前提として、検査を通してもらえることもあります。通常は検査から営業許可書の交付まで1週間程度ですが、こちらも保健所によって異なりますので、急ぎの場合は確認してください。

(4)　営業許可書の交付

予定日になれば、営業許可書ができていますので、保健所に受け取りに行きます。厳密にいえば、営業が許可される日と、営業許可書ができる日は違います。保健所によってこの二つにずれが生じたり、開業準備のためにどうしても営業許可書を受け取りに行けないという場合もあります。開業が迫っていると、この数日も無視できませんが、法律上は、営業が許可されていれば営業は可能です。そのため、一刻の猶予もない場合は、少なくとも営業許可日は知っておくようにしましょう。

(5)　営業の開始

営業許可が下りれば無事に営業が開始できます。その際は、施設内に、食品衛生責任者の名札を掲示しなければなりません（都道府県の食品衛生法施行条例）。よく店舗入口やレジの奥などに名札が掲示されていますが、自治体によって、一定の大きさ以上でなければならない場合もあります。なお、営業許可書についても、同じように、額などに入れて掲示している場合も多いですが、法律上は不要です。

営業開始後、内装工事など申請内容に変更があった場合には、直ちに、保健所に届け出てください。

③ 食品衛生責任者

(1)　食品衛生責任者の役割

　食品衛生責任者は、食品衛生上の管理運営を行うためのもので、すべての飲食店は、食品衛生責任者を設置しなければなりません（都道府県の食品衛生法施行条例）。具体的にいえば、食中毒などを未然に防ぐために、日々の営業や施設の管理、法律知識の習得、講習会等の受講、他の従業員への指導教育などがあげられます。

(2)　食品衛生責任者の資格

　食品衛生責任者になれるのは、食品衛生責任者養成講習会を受講し、修了した方です。講習会は、保健所や、各自治体から指定を受けた民間団体が、定期的に実施しています。例外的に、一定の資格（栄養士や調理師など）により無条件でなれる方もいますので、もし、食品関連の資格を有していたり、大学の食品衛生に関する専門課程を受けていた方は、該当するかどうか、保健所に確認してみましょう。

(3)　講習会の流れ

　講習会の日時や場所、持参書類、手数料（おおむね1万円）は、自治体によって異なりますので、最寄りの保健所に問い合わせるか、ホームページなどを調べてみましょう。食品衛生責任者は、全国共通の資格です。そのため、講習会は、店のある自治体に限らず、どこの場所で受講しても問題ありません。都市部の場合、頻繁に開催される一方で、早々に満席になってしまうこともありますので、早めに申し込んでおきましょう。

　講習会は、大きな教室のような場所で、午前から夕方まで丸一日行われ、遅刻や早退、中抜けすると、その時点で修了不可となります。すべてのカリキュラムを受講後、小テストを行いますが、受講中に出題箇所のヒントを出してくれることもありますし、厳密に合格点が決まっているものでもありませんので、あまり心配はいりません。

(4)　食品衛生責任者手帳の交付

　無事、小テストまで終えると、その場で、「食品衛生責任者手帳」が交付
されます。これは、食品衛生に関する簡単な知識や心掛けが書かれていると
共に、講習会の予定を記入できる小さな手帳です。営業許可の申請時にも必
要となりますので、大事に保管してください。掲示用の名札も一緒に売って
いますので、必要であれば、このとき一緒に購入しましょう。

(5)　注意点

　開業までの期間が切迫しており、営業許可の申込み時点、もっといえば、
営業開始までに食品衛生責任者がいない場合もあります。このような場合
は、保健所に、食品衛生責任者を直ちに設置する旨を約束する書面（食品衛
生責任者設置誓約書）を提出することで、少しの間猶予してもらうことがで
きます。猶予期間については、厳密にいつまでと決められていませんが、あ
まり長くなると、営業許可自体が取り消されますので、可能な限り早く講習
を受けてください。

　また、食品衛生責任者は、一つの店舗に必ず一人置かなければなりませ
ん。これは、営業許可を受けた本人のほか、従業員でもなることができます
が、一人が複数の店舗を兼任することはできないので、複数店舗展開する場
合は注意してください。

Q2　営業許可以外に必要な届出

これから独立して飲食店を始める予定です。飲食店の営業許可が必要なことはわかっていますが、業種や業態によって、いろいろな営業許可が必要だと聞きました。また、内装工事でも許可が必要なのでしょうか。独立開業するにあたって、一般的に必要な手続も教えてください。

▶▶▶ Point

① **必要な届出には大きく分けて、設備や営業にかかわるものと、事業活動全般に必要なものがあります。**

② **設備や営業については工事業者や管轄の役所に必ず相談してください。**

③ **税務、労務は自分でできなければ必ず専門家に依頼してください。**

1 設備・営業にかかわる届出

(1) 設備にかかわるもの

設備については、居抜きかどうかによって大きく変わります。全く新しく内装工事をする場合、消防関係の届出が必要になります。後記(2)の営業許可関係と異なり、工事の前段階から手続が必要となる点が特徴で、内装工事の着工7日前までに、防火対象物工事等計画届出書を、管轄の消防署に提出する必要があります。また、消防用設備（スプリンクラーや火災報知機など）に手を加える場合には、消防用設備等設置届出書を提出することや、定期的な消防検査を受けることも必要です。これらは図面や専門的な知識が必要になりますから、一般的には設計事務所や内装業者が代行して行いますので、そこまで心配いりません。最終的に工事が完成した段階で、「防火対象物使用

開始届出書」の提出が必要になります。これは、「営業」の開始ではなく「使用」の開始のために必要なもので、営業前の準備なども含まれますから、内装工事のめどが立ったら、早めに提出すべきです。なお、これは、使用者や責任者を役所に届け出る手続ですので、居抜きや事業者の変更であっても提出が必要です。

　一定規模（収容人員30名かつ300㎡）の店では、防火管理者を選任する必要があります。広さによって甲種と乙種があり、講習の内容も異なります。30名というのはスタッフも含まれますし、バックヤードも含めて300㎡ですと、大箱の店舗ならすぐに対象となってしまいますから注意しましょう。

　そのほか、営業許可の種類によっても必要となる設備が異なります（後記(2)参照）。

⑵　営業にかかわるもの

　飲食店を営業するために必要な許認可や届出は多岐にわたります。まず思い浮かぶのは、その名のとおり飲食店営業許可ですが（Q1参照）、実際にはこれだけではありません。

　そもそも、「飲食」といっても業種によって、売るモノも売り方も変わりますので、そのつど、別個の営業許可が必要な場合があります。食品衛生法上、許可が必要な業種は、調理業として「飲食店営業」「調理機能を有する自動販売機営業」、製造業として「菓子製造業」「アイスクリーム類製造業」「乳製品製造業」「麺類製造業」「そうざい製造業」「冷凍食品製造業」、処理業として「食肉処理業」、販売業として「食肉販売業」「魚介類販売業」など、32種類を数えます（食品衛生法55条1項、食品衛生法施行令35条各号）。また、近年の食品衛生法の改正により、令和3年6月1日からは、許可だけでなく、「届出」制度が新設されました（食品衛生法57条1項）。これまで許可が必要だった業種が単に届出だけで営業可能になったり、逆に、これまで許可が不要だったものでも、届出が求められるようになったものもあります。これに加え、自治体ごとの規制があり、実際の線引きは微妙なケースも多い

ですから、必ず、事前に管轄の保健所に相談してください。なお、営業の種類によって、必要な設備が異なりますから、新設店舗の場合、内装業者や設備業者に同行してもらうべきでしょう。

また、バーや居酒屋など、食事がメインではない業態で、深夜（午前０時〜午前６時）に酒類を提供する場合は、深夜における酒類提供飲食店営業開始届（【資料１】参照）を、管轄の公安委員会に提出する必要があります（風営法33条１項）。さらに、キャバクラやラウンジなど接待を伴う飲食店や、アミューズメントバーなどは風俗営業となり、許可のハードルが上がります。このあたりの線引きはかなり難しいところがありますので、必ず管轄の警察署（生活安全課）に相談してください。

② 税務関係

(1) 個人の場合

個人事業者として開業する場合、まずは、開業から１カ月以内に、個人事業の開業届出書を提出する必要があります。これにより、税務署に、個人事業者として認識されることになります。罰則はありませんが、屋号で口座を作ったり、店舗を借りる場合に必要となる場合がありますので、しっかりと提出するようにしましょう。また、同じような書類ですが、都道府県に対しても、事業開始等申告書を提出する必要があります。税務署と都道府県ということで、提出先が違うだけで、内容はほぼ同じです。

また、税制面で優遇される青色申告を行うために必要な青色申告承認申請書も重要です。これは、開業から２カ月以内に提出するか、開業後は１月１日から３月15日までに提出すると、翌年度の申告から青色申告が行えるようになります。

そのほか、家族を従業員として働かせている場合、青色事業専従者として、給与を経費とすることができます。このためには、青色事業専従者給与に関する届出書が必要です。家族のほかにも従業員を雇う場合、給与支払事

務所等の開設届出書を提出しましょう。また、源泉所得税納期の特例の承認に関する申請書を提出しておくと、給与から源泉徴収された所得税の納付を、原則毎月のところを半年に一度とすることができますので、手間が省けます。これらはいずれも税務署に提出するものです。

⑵　**法人の場合**

法人の場合、まずは、法務局に必要書類を提出し、法人を設立する必要があります。

税務面では、税務署に対し、設立から2カ月以内に、法人設立届出書を提出しますが、自治体については、都道府県だけでなく市区町村に対しても、法人設立届出書を提出する必要があります。

そのほか、青色申告承認申請書、給与支払事務所等の開設届出書、源泉所得税納期の特例の承認に関する申請書などは、個人と同様です。

③　労務関係

労務関係は、個人か法人か、また従業員の就労実態等により必要となる手続が大きく異なり、一概には言えませんが、最低限必要なものだけでも、労働基準監督署に対して、労働保険の保険関係成立届と概算保険料申告書、ハローワークに対して、雇用保険の適用事業所設置届と被保険者資格取得届、年金事務所に対して、健康保険・厚生年金保険新規適用届、被保険者資格取得届などが必要となります。

詳細については、Q51〜Q54を参照してください。

【資料１】　深夜における酒類提供飲食店営業営業開始届出書

※ 受 理 年月日		※ 受 理 番 号	

深夜における酒類提供飲食店営業営業開始届出書

　風俗営業等の規制及び業務の適正化等に関する法律第33条第１項の規定により届出をします。

年　　月　　日

　　公安委員会殿

届出者の氏名又は名称及び住所

㊞

（ふりがな）		
氏 名 又 は 名 称		
住　　　　　　所	〒（　　　　　）	（　　　）　局　　　番
（ふりがな）		
法 人 に あ つ て は、 そ の 代 表 者 の 氏 名		
（ふりがな）		
営 業 所 の 名 称		
営 業 所 の 所 在 地	〒（　　　　　）	（　　　）　局　　　番

<table>
<tr>
<td rowspan="9">営業所の構造及び設備の概要</td>
<td>建 物 の 構 造</td>
<td colspan="4"></td>
</tr>
<tr>
<td>建物内の営業
所 の 位 置</td>
<td colspan="4"></td>
</tr>
<tr>
<td>客 室 数</td>
<td></td>
<td>室　営業所の床面積</td>
<td colspan="2">㎡</td>
</tr>
<tr>
<td rowspan="2">客 室 の 総
床 面 積</td>
<td rowspan="2">㎡</td>
<td rowspan="2">各 客 室 の
床 面 積</td>
<td>㎡</td>
<td>㎡</td>
</tr>
<tr>
<td>㎡</td>
<td>㎡</td>
</tr>
<tr>
<td>照 明 設 備</td>
<td colspan="4"></td>
</tr>
<tr>
<td>音 響 設 備</td>
<td colspan="4"></td>
</tr>
<tr>
<td>防 音 設 備</td>
<td colspan="4"></td>
</tr>
<tr>
<td>そ　　の　　他</td>
<td colspan="4"></td>
</tr>
</table>

Q3　テイクアウトやデリバリーに必要な許認可

飲食店を経営していますが、中食ニーズが高まっているため、テイクアウトやデリバリーを始めようと考えています。必要な許認可や、注意すべき点があれば教えてください。

▶ ▶ ▶ Point

①　どのように売るかで必要な許可は全く異なります。

②　作り置きせずそのまま食べる以外は、製造業の許可が必要となることが多いです。

③　テイクアウトとデリバリーでは、必要な許認可はほとんど変わりません。

1　必要な許可

(1)　調理品の場合

基本的に、そのまま食べることを想定して、店舗で調理製造したものを、お客さんに持ち帰らせるだけであれば、飲食店の営業許可だけで営業可能です。簡単に言えば、いつも店で作っているメニューを、オーダーを受けて調理し、それをパックに詰めて提供する、という限りであれば、個別の許可は必要ありません。

他方で、当日販売する見込み分を超えて作り置きをしたり、保存を前提とする調理をする場合は、個別の許可が必要になります。保存期間が長くなればなるほど、食品衛生上のリスクが高まりますので、必要な設備があるかどうかの確認が必要ということです。

たとえば、通常販売される見込み分を超えて、そうざいを作っておいて売

る場合は、そうざい製造業の許可が必要です。中華料理店などで自家製の
チャーシューなどを作り置きし、少しずつ販売している場合がありますが、
これも食肉製品製造業の許可が必要になります（食肉の製造については、後記
(3)参照）。ケーキを含めデザート類などは、多くの場合作り置きですから、
菓子製造業の許可が必要となります。さらに、個人商店でも、真空包装した
り、冷凍処理するなどして、通信販売をしているケースも増えてきました。
食品を容器包装に入れれば、食品表示法に基づく表示が必要ですし（Ｑ４参
照）、冷凍処理すれば、作る食品の製造業許可とあわせて冷凍食品製造業の
許可などが必要になる場合があります。それぞれにおいて、複雑な施設基準
が定められていますので、必ず、販売開始前に管轄の保健所に相談するよう
にしましょう。

　なお、これらの内容はテイクアウトとデリバリーで特に変わりません。

(2)　仕入品の場合

　最近では、本来、店舗で提供するために仕入れた肉や魚などを、そのまま
テイクアウトやデリバリーの形で提供することも増えてきました。これらの
場合、前記(1)で述べたような製造業の許可ではなく、販売業の許可が必要に
なります。たとえば、焼肉店が焼肉セットを売る場合、食肉販売業が必要で
すし、割烹が、刺身の盛り合わせを売る場合、魚介類販売業が必要です。こ
れらを冷凍して売るのであれば、あわせて冷凍食品製造業食品の許可を受け
なければなりません。ただし、食品衛生法の改正により、令和３年６月１日
からは、容器包装に入ったもののみの販売であれば、食肉も魚介類も許可で
なく届出のみで営業が可能になりました。冷凍冷蔵食品についても、冷凍す
るわけではなく、保管だけであれば、冷凍冷蔵倉庫業の届出で足ります。

　そもそも許可や届出が必要かどうか、また、具体的な許可を受けるには、
どのような施設基準に適合しているかどうか、非常に複雑ですから、必ず事
前に管轄の保健所に相談しましょう。

(3)　食肉製品の場合

　食肉製品（ハム、ソーセージ、ベーコン、ビーフジャーキー、ローストチキン、肉を50％以上含むハンバーグやミートボールなど）を製造、加工する場合、食品衛生管理者を置かなければなりません。食品衛生管理者は、簡単に取得できる食品衛生責任者（Ｑ１参照）と異なり、医師などの一定の国家資格を有するか、医学、獣医学などの専門課程を修了し卒業した者、また、製造業などで３年間の実務経験を経て講習会を終了した者のみがなれる資格です。食肉製品だけでなく、乳製品、魚肉ハム・魚肉ソーセージ、マーガリンなど、性質上、食品衛生リスクが高いものを製造、加工する際に必要となります。なお、これは食肉製品を製造する場合の規制ですから、仕入れたものを販売するだけであれば衛生管理者は不要です。

(4)　酒の場合

　飲食店とお酒は切っても切れない関係にありますが、許認可という意味では、お酒の場合、保健所だけでなく、税務署の免許も必要です。

　店内でお酒を注いで提供する場合は、当然、飲食店の営業許可だけで足ります。しかし、酒をそのまま（瓶のまま、または取り分けて量り売り）販売する場合、いわゆる酒販免許が必要です。

　一般的な飲食店が受けるべき酒販免許は、店舗で酒を販売する場合の一般酒類小売業免許か通信販売する場合の通信販売酒類小売業免許ですが、財務要件、酒類販売管理者の選任、（賃貸物件の場合）大家の個別の承諾など、これから開業する方には少しハードルが高いといえるでしょう。

　なお、新型コロナウイルス感染症の特別措置として、期限付きの酒販免許（料飲店等期限付酒類小売業免許）が設けられており、通常の酒販免許であれば申請から免許付与まで２カ月程度かかるところ、不備がなければ１、２週間程度で免許を受けることができましたが、この特例措置は、令和３年３月末日をもって終了しました。

　また、ここ数年、クラフトビールの醸造所や、醸造所を併設した飲食店

（ブルーパブ）も増えてきました。この場合、飲食店として、保健所における酒類製造業許可と飲食店営業許可が必要なだけでなく、税務署において、ビール製造免許または発泡酒製造免許を受ける必要があります。ビールか発泡酒かは、麦芽の使用比率と使用原料によって異なりますが、ビール製造免許の場合、年間60kℓの製造（発泡酒の場合、年間6kℓ）が必要になりますので、現実的には「発泡酒」の製造から始めることが多いでしょう。

(5)　キッチンカーの場合

自動車に調理などの設備を搭載し、移動しながら飲食店と同じような営業を行う場合、自動車用の飲食店営業許可が必要になります。

キッチンカーは、調理する設備がいろいろな場所にありますので、仕込み場所、事務所や自動車の保管場所、申請者の住所などがどこかによって、保健所の管轄が異なります。申請や施設検査など、許可までの流れは、一般的な飲食店の営業許可と同じです（Q1参照）。キッチンカーは、外気に触れることが多いですし、タンクの水を使用する以上、洗浄なども限界がありますので、衛生管理には特に注意が必要です（Q9参照）。

② 　食品表示

食品表示は、飲食店において食品表示がないのと同じように、テイクアウトやデリバリーでも、基本的に、「作ってすぐ売る」という形式であれば、食品表示義務はありません（食品表示一般については、Q4参照）。ただし、テイクアウトやデリバリーで提供しているのは、すぐに食べるように製造されたものですから、保存することを想定していません。客の知識と判断に委ねるのではなく、「その日のうちにお召し上がりください」といった消費期限とアレルギー表示はしておいたほうがよいでしょう。

他方で、第三者が製造・加工した食品を、単に仕入れて販売する場合は、製造者と販売者が異なるため、表示が必要です。ただ、この場合、製造者自身が食品表示をしていますので、実際には販売者（店）において何かする必

要はないということになります。また、同じ事業者でも、セントラルキッチンなどで調理された料理を販売する場合は、製造している場所と販売している場所が異なるため、食品表示が必要です。食品表示も、非常に複雑ですから、事前に保健所に確認しておきましょう。

Q4　飲食店における食品表示①——概要

スーパーで弁当などを買うと、必ず食品表示についての記載があり
ますが、飲食店においては、個々のメニューに表示しているところを
ほとんど見ません。飲食店で必ず表示しなければならない事項があれ
ば教えてください。また、テイクアウトやデリバリーの場合でも同じ
なのか教えてください。

▶ ▶ ▶ Point
① **一般的な飲食店の場合、表示義務はありませんが、アレルゲン表示はし
たほうが無難です。**
② **テイクアウトやデリバリーの場合も基本的には不要です。**
③ **通信販売など対面販売以外の場合は必要です。**

1　食品表示

　食品は体内に摂取するものですから、一歩間違えば大きな健康被害が生じ
る場合があります。また、現在のように、生産者、製造者、販売者といった
さまざまな過程を経て、消費者の元に届く時代では、誰が何を作っているの
かすぐにはわかりません。そのため、食品ごとに、最低限これだけは記載し
ておかなければならない、というのが食品表示の問題です。食品の表示は、
義務表示、推奨表示、任意表示、禁止表示があります（食品表示基準）。
　義務表示というのは、法律上、絶対に記載しなければいけないものです。
加工食品における原材料名、栄養成分表示、アレルギー物質、賞味期限、保
存方法などがあげられます。これに違反すると、立入検査や製品の回収命令
だけでなく、刑事罰が課される場合があります。

25

　また、推奨表示や任意表示というのは、記載することが薦められている事項や、記載する必要はないが記載してもよい事項です。たとえば、加工食品は栄養成分表示が義務化されましたが、絶対に記載しなければならないのは、熱量、食塩の相当量、たんぱく質、脂質、炭水化物の５項目だけです。食物繊維や糖質、ビタミンなどもよく記載されていますが、食物繊維は推奨表示で、糖質やビタミンなどは任意表示ですから、法律上の位置づけは異なります。

　最後に、禁止表示というのは、逆に記載してはいけない事項のことを言います。誇大広告や、消費者を勘違いさせるような表示などがこれに該当します。

　加工食品については、食品表示法によって整理されるようになりましたが、製品や製法、食材が多岐にわたるため、いまだに、非常に複雑と言えます。

② 飲食店における食品表示の原則

　「加工食品又は生鮮食品を設備を設けて飲食させる」場合には、容器包装の有無にかかわらず、食品表示法による規制はありません（食品表示基準１条ただし書）。これは、対面販売では、調理者と客が同じ場所にいて、わからないことがあれば直接聞くことができるためとされています。したがって、一般的な飲食店（レストラン、食堂、喫茶店などの外食事業者による食品の提供）や注文を受けてその場で調理する弁当屋などでは、食品の表示義務はありません。これは、テイクアウトやデリバリーの場合も同じです（消費者庁ホームページ「食品表示基準Q&A」参照）。別の場所（製造工場やセントラルキッチンなど）で製造したものや第三者から仕入れたものを、店内で飲食させる場合であれば、表示は不要となります。

　他方で、あくまで施設内で飲食させる場合には、直接説明ができるため表示が不要という趣旨ですから、別の場所で製造したものや、仕入れたものを

そのまま販売する（持ち帰らせる）ような場合は、食品表示が必要です。同じそうざいであっても、店内で食べさせることが前提の飲食店では、テイクアウトであっても表示が不要ですが、持ち帰ることが前提のデパートやスーパーなどのそうざい屋では表示が必要となります。

　そのほか、飲食店であっても、店が直接説明することが困難な通信販売でも表示が必要です。

　なお、厳密に言えば、デリバリーであっても、飲食店の従業員が食品を届ける場合（いわゆる「出前」）であれば、飲食店が直接説明できますが、飲食店が、Uber Eats や出前館など、デリバリー代行業者を使った場合、直接説明できませんから、対面販売と考えるのは困難です。ただし、現時点ではこの点について、行政からの解釈は示されておらず、特に注意喚起も出ていませんので、今後の課題と考えられます。

③ 飲食店における食品表示の例外

　以上のとおり、一般的な飲食店の場合、基本的に食品表示は不要ということになります。

　ただし、飲食店であっても、例外として、生食用の牛肉を提供する場合は、①一般的に食肉の生食は食中毒のリスクがあること、②子ども、高齢者その他食中毒に対する抵抗力の弱い者は食肉の生食を控えるべきであることを表示する必要があります（食品表示基準40条）。また、そもそも生肉については、提供できるものとできないもの、できる場合でも法的基準があるものとないものが複雑に定められています。たとえば、生肉で食べられる基準があるのは、牛肉（内蔵除く）、馬肉（内蔵除く）、馬レバーのみです。牛レバーや、豚肉（内蔵含む）は法律上禁止、それ以外の肉は、禁止されていないものの、生肉用の基準がなく、避けるべきとされているものです。提供する場合は、十分に確認するようにしましょう。

　また、法的には不要であっても、アレルゲン表示については、大きな事故

27

につながるおそれがありますから、自発的に記載しているお店もあります。少なくとも、特定原材料7品目である「えび、かに、小麦、そば、卵、乳、落花生」（食品表示基準別表14）については、メニューの名前などに明示して、含まれていることがわかりやすくしておくなどの工夫が必要でしょう。

〔表1〕　生食用食肉の基準等

肉の種類	牛			豚		鶏		馬		
肉の部位	肉	内蔵	レバー	肉	内蔵	肉	内蔵	肉	内蔵	レバー
生食の可否	○	△	×	×	×	△	△	○	△	○
規格基準の有無	○	×	—	—	—	×	×	○	×	○

Q5　飲食店における食品表示②──禁止表示

> 　以前、「和牛」と言いながら輸入牛を出していた食品偽装問題を報道で見ました。そこまでわかりやすいものは明らかに問題だと思いますが、「日本で一番大きいハンバーグ」とか、頻繁に「期間限定割引」といった広告をしているのをよく見かけます。このような表現は法律上問題ないのでしょうか。

▶ ▶ ▶ Point
① 　客に誤解を与える表現は景品表示法で禁止されています。
② 　食品の価格や内容だけでなく、取引条件についても、不当な表示は許されません。
③ 　客が誤解しない範囲での「お化粧」は適法です。

1　景品表示法

　Q4のとおり、飲食店は、基本的に食品表示法の規制はありません。ただし、何を書いてもよいかと言うとそうではなく、景品表示法によって禁止されている表示があります。

　景品表示法が定めている禁止表示は、①優良誤認表示、②有利誤認表示、③その他の不当表示の三つです。

2　優良誤認表示

　優良誤認表示というのは、品質、規格その他の「内容」について、実際のものより著しく優良であると示す表示や、事実に相違して競争相手よりも著しく優良であると示す表示を言います（景品表示法5条1号）。具体的には、

29

原材料や、産地、賞味期限などがこれにあたります。産地を偽装したり、「加工肉」を「ステーキ」と表示するようなメニューの偽装は、これに該当します。そのほか、「自家製」と称して「市販」のものを提供する、「100％果汁」と表示して「60％のもの」を提供する、「手打ち麺」と表示して「機械打ち麺」を提供する、「添加物」を使用しているにもかかわらず「無添加」と表示するなどが例としてあげられます（消費者庁ホームページ「メニュー・料理等の食品表示に係る景品表示法上の考え方について」参照）。

③　有利誤認表示

　有利誤認表示は、価格その他の「取引条件」について、実際のものよりも著しく有利であると誤認される表示や、競争相手よりも著しく有利であると誤認される表示を言います（景品表示法5条2号）。これは、価格や数量、キャンペーンなど、商品の「内容」以外の「取引条件」について、勘違いさせるような表示です。期間限定の値段や商品と表示していたにもかかわらず、期間を過ぎても提供している、「周りの店より絶対安い」と表示しながら、特に近隣店舗の価格調査をしていなかった、「限定10食！」と表示しながら、実際には特に数量を限定していなかったなど、こちらもさまざまな例があります（消費者庁ホームページ「『不当な価格表示についての景品表示法の考え方』（価格表示ガイドライン）」、同ホームページ「『比較広告に関する景品表示法上の考え方』（比較広告ガイドライン）」参照）。

④　その他の不当表示

　その他の不当表示は、優良誤認や有利誤認にはあたらないものの、商品やサービスの取引に関して、誤認されるおそれのある表示として政令で指定されているものを言います（景品表示法5条3号）。現在は六つが禁止されており、食品関係でいえば、そのうち三つが問題になることが多いと言えます。

　一つ目は、無果汁の清涼飲料水等についての不当な表示で、無果汁を含め

５％未満の清涼飲料水等については、「無果汁」や「〇％」と記載しない限り、果実の名前や写真などを表示してはいけないというルールです。二つ目は、商品の原産国に関する不当な表示で、原産国を明示しない限り、原産国以外の国名や国旗などを表示してはいけないというものです。ガーナのカカオを使用していないのに、「ガーナ」と書いたチョコレートを売ってはいけません。最後は、おとり広告に関する不当な表示です。これは、特定の目玉商品を設置してお客さんを勧誘しながら、実際には、その商品の在庫がないとか、あっても極めて限られているという場合などがあたります。まさにおとりのような商品やサービスを作って、お店にお客さんを引き込むわけです。いわゆるステルス・マーケティング（宣伝と気づかれないように行う宣伝）もこれに近いところがあります。飲食店の口コミサイト上で、飲食店から依頼された業者が、お客さんになりすまして高評価を書き込む（なりすまし）、実際には対価を払っているにもかかわらず、それを伏せて芸能人にお店や商品をすすめてもらう（利益提供の秘匿）といったものは、宣伝と気づかれないように行う宣伝として、このおとり広告に類する可能性があります。

5 「お化粧」の範囲

　以上のとおり、飲食店におけるメニューや広告は、景品表示法によって規制されていますが、商品名やメニューの名前は、売上にも直結する非常に重要なものです。単なる「野菜サラダ」よりも、「当店人気ナンバーワン！シェフの気まぐれサラダ」のほうが、ずっと魅力的です。商品の魅力を最大限伝えるためにも、名称や説明文は、できるだけ自由であるべきですし、多少の「お化粧」（誇張表現）は認められています。焼き肉店にいけば、当然のように「カルビ」と「上カルビ」がありますが、その違いを意識している人はあまりいません。お店によっては、ロースは「上ロース」しかない店もあります。これらの表記自体がいきなり問題になることはありませんが、カ

ルビと上カルビで同じものを提供していたり、前の同じものを提供しながら名前だけ変えて値段を上げたりするのは問題です。

分量に関しても、「たっぷり」や「豊富」など、主観が混じる表現は微妙ですが、競合品や常識に照らして、明らかに「たっぷり」入っていなければ、やはり誤解を招きますし、そもそも含有量や成分を把握していないのであれば、不当な表示といえます。

もっと進んで、「おいしい」とか「おすすめ」といった純粋に主観的な表現であれば、基本的に問題ありません。

また、体調や健康に関するものは、誇大広告が増えており、より問題性が指摘されています。「ヘルシー」や「低カロリー」など抽象的なものである限り、根拠があれば表示できますが、「血圧が下がる」「糖尿病の方におすすめ」「免疫力アップ」といった具体的な効用を表記してはいけません（消費者庁ホームページ「健康食品に関する景品表示法及び健康増進法上の留意事項について」参照）。他方、「野菜の足りない方に」といった単に栄養補給を目的とするような表示は問題ないとされていますが、判断が難しい部分もあります。

商品説明やキャッチコピーなどは、アピールポイントであると同時に、つい誤解を招く表現をしやすいですから、自社の製品やメニューの表示について、その妥当性をよく考える必要があります。

Q6　衛生管理に関する法律上の規制

> 　食中毒が発生しないよう衛生管理を徹底しなければならないと考え
> ています。飲食店の衛生管理に関する法律上の規制にはどのようなも
> のがあるのか教えてください。また、万が一、食中毒が発生した場
> 合、法律上、どのような処分が予定されているのかも教えてください。

▶ ▶ ▶ Point

① **食品衛生法は飲食店にとって重要な法律です。**

② **食中毒の40%以上は飲食店で発生しています。**

③ **食中毒が発生すると重大な責任を負うことになります。**

1　食品衛生に関する法律の概要

⑴　食品衛生法

　飲食店経営にとって「安全な食品を提供すること」は、売上確保以前の最
も基本的かつ重要なテーマです。そのため、食品衛生を徹底し、食中毒等の
事故を防止することは、飲食店を経営するうえでの大前提となります。

　食品衛生の代表的な法律が、昭和23年に施行された食品衛生法です。

　食品衛生法は、食品はもちろん、食器等の器具・容器包装、営業施設等も
広く対象としているため、飲食店にとって重要な法律です。

　飲食店を営業するためには、食品衛生法に基づく都道府県知事の許可が必
要とされており、都道府県は、食品衛生の見地から、条例で許可基準を定め
ることとされています（同法54条・55条）。行政による指導・処分等も食品
衛生法で定められています。

　食品衛生法は、「飲食に起因する衛生上の危害の発生を防止し、もつて国

民の健康の保護を図ること」を目的としています（同法1条）。そのため、食品衛生法「第二章　食品及び添加物」において、人の健康を損なうおそれがある食品が列挙され、その販売が禁止されています。具体的には、①腐敗、変敗したもの、②未熟なもの、③有毒・有害な物質が含まれたり、付着したりするもの、またはその疑いがあるもの、④病原微生物により汚染され、またはその疑いがあり、人の健康を損なうおそれがあるもの、⑤不潔、異物の混入等の事由により、人の健康を損なうおそれがあるもの等の販売が禁止されています（同法6条）。

平成30年に食品衛生法が改正され、すべての事業者にHACCPに沿った衛生管理の導入が義務づけられました（同法51条）。HACCPの詳細については、Q7等を参照してください。

(2)　食品安全基本法

BSE（牛海綿状脳症）の発生や繰り返される食品偽装表示事件等を契機として、食品安全行政の見直しが意識されるようになり、平成15年5月に食品安全基本法が制定されました。

食品安全基本法が飲食店の業務プロセスに直接関係することはありませんが、食品安全基本法は、食品関連事業者の責務（食品の安全性確保のために必要な措置を適切に講ずること、食品等に関する正確かつ適切な情報の提供、国または地方公共団体が実施する食品の安全性確保に関する施策に協力すること）を明確にしています（同法8条）。ここにいう「食品関連事業者」には、当然、飲食店経営者も含まれます。

(3)　食品表示法

平成21年9月1日、消費者安全法の施行とともに、消費者庁が設置されました。

その後、消費者庁では、厚生労働省所管の食品衛生法、健康増進法と農林水産省所管の農林物質の規格化等に関する法律（当時、いわゆるJAS法）の表示に関する制度を一括で管理し、食品の表示等の業務を扱うこととなりま

した。食品表示法が平成25年6月に公布され、平成27年4月に一部施行されました。その後、平成29年6月の日本農林規格等に関する法律の改正を挟み、食品表示法は5年の経過措置を経て令和2年4月に完全施行しました。

食品表示法に基づく食品表示基準の詳細については、Q4等を参照してください。

2　食中毒

(1)　概　要

農林水産省は、食中毒を「食品に起因する下痢、腹痛、発熱、嘔吐などの症状の総称」と定義しており、これは食品衛生法にたびたび登場する「食品に起因する食品衛生上の危害の発生」とほぼ同義ととらえられます。

厚生労働省は、食中毒病因物質を以下の6種類に分類しています。

① 　細菌（腸管出血性大腸菌、カンピロバクター、サルモネラ属菌等）

② 　ウイルス（ノロウイルス、A型肝炎ウイルス等）

③ 　動物性自然毒（フグ毒、シガテラ毒魚等）

④ 　植物性自然毒（毒キノコ、アルカロイド含有植物等）

⑤ 　化学物質（ヒスタミン、農薬、有害元素等）

⑥ 　寄生虫（アニサキス、クドア等）

農林水産省の定義によると、同じ食品に起因する健康障害でも、異物混入によって生じる物理的障害は食中毒には含まれないこととなります。

(2)　発生状況

厚生労働省は、食中毒の発生に関する情報を収集し、食中毒統計資料を作成、公表しています。

〔表2〕の平成28年から令和2年の食中毒統計資料をみると、食中毒の発生件数は800～1300件、患者数は2万2000人～1万3000人で推移しています。発生件数は横ばいですが、患者数は減少傾向にあります。

〔表3〕の直近5年間の原因施設別の統計をみると、食中毒の4～6割は

飲食店で発生していることがわかります。また、近年、家庭での発生件数が増加傾向にありますので、テイクアウト・デリバリーによる食品提供を行っている飲食店は、特に注意が必要です。

〔表２〕　年次別食中毒発生状況

年次	事件数	患者数	死者数
平成28年	1,139	20,252	14
平成29年	1,014	16,464	3
平成30年	1,330	17,282	3
令和元年	1,061	13,018	4
令和２年	887	14,613	3

〔表３〕　原因施設別食中毒発生状況

施設別 ＼ 年次	平成28年 事件数	発生率(%)	平成29年 事件数	発生率(%)	平成30年 事件数	発生率(%)	令和元年 事件数	発生率(%)	令和２年 事件数	発生率(%)
総数	1,139	100	1,014	100	1,330	100	1,061	100	887	100
家庭	118	10.4	100	9.9	163	12.3	151	14.2	166	18.7
事業場	52	4.6	23	2.3	40	3.0	33	3.1	31	3.5
学校	19	1.7	28	2.8	21	1.6	8	0.8	12	1.4
病院	5	0.4	6	0.6	5	0.4	4	0.4	4	0.5
旅館	50	4.4	39	3.8	31	2.3	29	2.7	11	1.2
飲食店	713	62.6	598	59.0	722	54.3	580	54.7	375	42.3
販売店	31	2.7	48	4.7	106	8.0	50	4.7	49	5.5
製造所	6	0.5	8	0.8	11	0.8	13	1.2	7	0.8
仕出屋	40	3.5	38	3.7	30	2.3	19	1.8	26	2.9
行商	—	—	—	—	—	—	—	—	—	—
採取場所	1	0.1	1	0.1	3	0.2	1	0.1	—	—
その他	16	1.4	8	0.8	10	0.8	11	1.0	6	0.7
不明	88	7.7	117	11.5	188	14.1	162	15.3	200	22.5

3　食中毒発生時の飲食店への影響

(1)　行政処分

飲食店で食中毒が発生した場合、当該飲食店は、食品衛生法6条で販売が禁止される食品（病原微生物に汚染された食品等）を販売した等の理由で、営業停止処分等の行政処分を受ける可能性があります。

(2)　民事損害賠償

飲食店で食中毒が発生した場合、飲食店経営者の行為は、顧客に対する債務不履行または不法行為となりますので、飲食店経営者は被害者（顧客）に生じた損害を賠償する責任を負います。

レストランのケーキビュッフェで顧客がノロウイルスによる食中毒に感染したという事件では、裁判所は、レストランの経営者に対し、慰謝料2万円と顧客が要した実費の支払いを命じました（東京地裁平成25年1月28日判決・判例集未登載）。

被害者（顧客）が死亡した場合や重度の障害が残った場合には、賠償額が数千万円に及ぶ可能性も十分にあります。

(3)　刑事処分

飲食店で食中毒が発生した場合、食品衛生法に基づく刑事処分を受ける可能性があります。また、食中毒発生の原因によっては、刑法の業務上過失致死傷罪（刑法211条）として処罰される可能性もあります。

(4)　その他の被害

仮に、食中毒による被害が軽微で、行政処分、刑事処分および損害賠償を免れたとしても、「食中毒が起きた店」として、顧客や取引先からの信用、評価は著しく低下します。

(5)　平成23年に発生したユッケによる集団食中毒事件

平成23年4月、株式会社A（以下、「A社」といいます）が北陸地方を中心にチェーン展開していた焼肉店で大規模な集団食中毒事件が発生しました。

この事件では、焼肉店が提供したユッケに腸管出血性大腸菌が付着していたため、それを食べた客ら計181人に食中毒症状が発生し、5名（6歳男児、6歳男児、14歳男子、43歳女性、70歳女性）が死亡しました。

　事件後まもなく、富山県は食中毒が発生した店舗を営業停止処分としました。その後、平成24年2月にはA社は解散し、裁判所に特別清算を申し立てました。

　また、遺族らがA社を被告として提起した損害賠償請求訴訟において、裁判所はA社に対し、約1億9000万円の支払いを命じました（東京地裁平成30年3月13日判決・判例集未登載）。

　A社の代表取締役は業務上過失致死傷の疑いで書類送検されましたが、検察審査会での審査等を経て、令和2年10月、ようやく不起訴が確定しました。

　このように、飲食店が集団食中毒事件を起こした場合、行政処分、民事損害賠償、刑事処分等のあらゆる処分が絡むこととなります。

Q7 飲食店における HACCP ①——概要

法改正により、飲食店にも HACCP に沿った衛生管理が義務づけられると聞きました。HACCP について教えてください。

▶ ▶ ▶ Point

① 令和3年6月1日から HACCP に沿った衛生管理が必要となりました。

② 飲食店では「HACCP の考え方を取り入れた衛生管理」を導入することになります。

③ 衛生管理計画の策定や記録により、衛生管理の「見える化」をしてください。

1 HACCP

HACCP（ハサップ、ハセップ）とは、「Hazard Analysis and Critical Control Point」の略で、日本語では、「危害分析と必須管理点」等と訳されます。簡単に言うと、食中毒を発生させないための食品の安全な管理方法のことです。

国連食糧農業機関（FAO）と世界保健機関（WHO）は、消費者の健康の保護、食品の公正な貿易の確保等を目的として、1963年に国際的な政府間機関であるコーデックス委員会を設置しました。コーデックス委員会は、HACCP の公式な手法を発表し、各国にその採用を推奨しています。

HACCP の前提となる概念として、「一般的衛生管理」があります。一般的衛生管理は、食品の安全性を確保するうえで必ず実施しなければならない基本的事項であり、HACCP の基礎となるものです。たとえば、飲食店においては、調理場やトイレの清掃、従業員の手洗い等が一般的衛生管理にあた

ります。

2　HACCP に沿った衛生管理の義務化

HACCP は、米国を中心とする先進各国ではスタンダードになっていますが、日本は対応が遅れていると言われています。しかし、令和2年に開催が予定されていた東京オリンピックに合わせ、日本でもようやく HACCP が法的義務として導入されることになりました。

令和2年6月1日施行の改正食品衛生法50条の2（現51条）により、すべての食品関連事業者に対し、一般的衛生管理および HACCP に沿った衛生管理の導入が義務づけられました。

すべての食品関連事業者には飲食店も含まれますので、令和3年6月1日から、すべての飲食店は、一般的衛生管理および HACCP に沿った衛生管理を実施しなければなりません。そのほかに、食品加工事業者、病院、ホテル、幼稚園、老人ホーム等が HACCP 義務化の対象とされています。

厚生労働省の発表によると、「事業者が衛生管理計画を作成しない場合や内容に不備がある場合、又は作成しても遵守していない場合、まずは改善のための行政指導が行われます。事業者が行政指導に従わない場合には、改善が認められるまでの間、営業の禁停止などの行政処分が行われることがあります」とされています（厚生労働省ホームページ「HACCP に沿った衛生管理の制度化に関する Q&A」問17参照）。

3　HACCP に沿った衛生管理のメリット・デメリット

HACCP に沿った衛生管理を導入が食中毒の抑制につながるのはもちろんですが、ほかにも以下のようなメリットがあると考えられます。

① 異物混入等の事故防止に伴うクレーム減少、食品ロス率の低下
② 提供する飲食物の品質の安定、向上
③ 顧客や取引先からの評価、信頼の向上

④　業務内容に応じた確認事項の明確化に伴う生産性向上

⑤　従業員のモチベーションアップ

導入のデメリットはほとんどありませんが、強いて言うならば、導入時に労力やコストを要することでしょう。しかしながら、上記のとおり、導入によって、食品ロス率の低下や生産性向上等の効果が期待できますので、長い目で見れば、デメリットを補ってあまりあるメリットがあると言えそうです。

4　HACCP に沿った衛生管理の種類

HACCP に沿った衛生管理には、以下の 2 種類があります。

①　HACCP に基づく衛生管理

　　コーデックス委員会の HACCP 7 原則に基づくもの。

②　HACCP の考え方を取り入れた衛生管理

　　各業界団体が作成する手引書を参考に行う、簡略化されたアプローチによる衛生管理。

「HACCP に基づく衛生管理」は、食品メーカーの工場等の大規模事業者を対象にしたもので、厳格な要件を定めた基準です。

「HACCP の考え方を取り入れた衛生管理」は、「小規模な営業者等」を対象にした簡略化した要件を定めた基準です。飲食店、給食施設、ケーキ屋等が「HACCP の考え方を取り入れた衛生管理」の対象となる「小規模な営業者等」にあたります。

飲食店で導入を義務づけられているのは、「HACCP の考え方を取り入れた衛生管理」と呼ばれるもので、厳密には、コーデックス委員会の定める HACCP そのものではありません。

飲食店における「HACCP の考え方を取り入れた衛生管理」は、①衛生管理計画の策定、②計画に基づく実施、③確認・記録の 3 段階で構成されます。

　飲食店ごとに何かしら衛生管理のためのルールを定めていることは多いと思いますので、HACCP に沿った衛生管理の導入と言っても、これまでと全く異なる新しい方法を導入するものではありません。過去の経験や勘に基づいて行っていた衛生管理を、計画策定や記録で「見える化」することが、飲食店で導入する HACCP の内容です。

Q8 飲食店における HACCP ②——導入方法

> 当店でも「HACCP の考え方を取り入れた衛生管理」を導入しよう
> と考えています。具体的にはどのように進めればよいか教えてください。

▶ ▶ ▶ Point

① HACCP の手引書は厚生労働省のホームページから取得できます。

② 衛生管理計画には、一般的衛生管理と重要管理の 2 種類があります。

③ 衛生管理計画の実施および確認・記録は就業規則その他の社内規程とも紐づけてください。

1 HACCP に関する情報収集

　飲食店では、「HACCP の考え方を取り入れた衛生管理」を導入する必要があります。「HACCP の考え方を取り入れた衛生管理」とは、各業界団体が作成する手引書を参考に行う、簡略化されたアプローチによる衛生管理です。

　公益社団法人日本食品衛生協会は、「HACCP の考え方を取り入れた衛生管理のための手引書（小規模な一般飲食店事業者向け）」（以下、「手引書」といいます）を作成しています。飲食店において HACCP に沿った衛生管理を導入する際は、まず手引書を参照するとよいでしょう。手引書は厚生労働省のホームページからダウンロードすることが可能です（厚生労働省ホームページ「HACCP の考え方を取り入れた衛生管理のための手引書」参照）。

　また、衛生管理計画・記録簿の様式は、公益社団法人日本食品衛生協会のホームページで販売されており、エクセルファイルをダウンロードすることも可能です。

衛生管理計画の作成等に十分な時間をかけることが難しい場合には、HACCPコーディネーター等の専門知識を有するコンサルタントから導入のためのサポートを受けることもできます。

② 衛生管理計画の策定

衛生管理計画は、一般的衛生管理と重要管理の二つに分けて作成する必要があります。それぞれの管理計画について、手引書に様式が記載例とともに載っています。

(1) 一般的衛生管理のポイント

手引書の「一般的衛生管理のポイント」の様式には、「原材料の受入の確認」、「手洗いの実施」等、飲食店においてあたり前のことが列挙されていますので、原則として、様式をそのまま利用すれば足ります。様式に列挙された項目について、いつ、どのように管理し、問題があったときにはどうするかの対応を考えて記載し、従業員に共有します。なお、店舗の環境や提供する食品の特性に応じて、一般的衛生管理の項目を追加しても差し支えありません。

一般的衛生管理は、いわゆる、5S（整理、整頓、清掃、清潔、しつけ）を徹底することを意味します。

(2) 重要管理のポイント

手引書の「重要管理のポイント」の様式には、具体的なチェック方法が記載されていませんので、店舗の環境や提供する食品の特性に応じて、個別に作成する必要があります。

まずは、提供するメニューを様式の「分類」欄の記載に従って、分類します。たとえば、刺身や冷奴は、「非加熱のもの（冷蔵品を冷たいまま提供）」のグループに分けられます。

次に、分けたグループごとに具体的なチェック方法を決めます。具体的なチェック方法についても、手引書に例と考え方のポイントが記載されていま

す。たとえば、刺身や冷奴については、「冷蔵庫より取り出したらすぐに提供する」と記載されています。ただし、「すぐに」という表現はややあいまいですので、「冷蔵庫より取り出したら、キッチン内に一度も置かず、そのままお客様のテーブルに提供する」等、従業員がルールを守れたかどうか判断できる程度に具体的な表現を用いることが望ましいです。

　重要管理のチェック方法を決めるにあたっては、細菌やウイルスの特性（どのような場面で付着するか、増殖条件、死滅方法等）を理解しておく必要があります。10℃〜60℃は細菌が繁殖しやすい温度で、「危険温度帯」と呼ばれます。調理によって加熱処理した場合であっても、その料理が冷めて危険温度帯になると、料理の中で生き残っていた食中毒菌が増殖を始めます。そのため、料理をできるだけ危険温度帯におかない、危険温度帯を速やかに通過させる、危険温度帯にある料理は速やかに食べてしまうといった観点からも具体的なチェック方法を検討する必要があります。

③　衛生管理計画に基づく実施

　決定した衛生管理計画に従って、日々の衛生管理を確実に実施します。

　当然ですが、策定した計画をきちんと実施しなければ意味がありません。衛生管理計画の内容を全従業員に周知し、着実に実施しましょう。

④　実施状況の確認・記録

　衛生管理計画に基づく実施後、毎日、実施状況を確認し、記録します。

　手引書には「一般的衛生管理の実施記録」、「重要管理の実施記録」の様式が記載例とともに載っています。

　実施記録の様式に記録すべき内容は簡易ですが、確認・記録がおざなりになると、せっかくの衛生管理計画が絵に描いた餅になります。確認を丁寧に行い、少しでも気になることがあれば、「特記事項」欄に記載しておくように従業員に周知しましょう。

45

5 従業員への周知

　飲食店における衛生管理の重要性からすると、衛生管理計画の実施および確認・記録は、就業規則にも記載し、社内の公式なルールであることを明確にしておくべきです。

　たとえば、服務規律に関する条項に、衛生管理計画の実施および確認・記録を義務づける内容を定めたり、懲戒事由として、衛生管理計画の実施または確認・記録を怠ったことを定めるといった対応が考えられます。

　就業規則から独立した衛生管理規程を作成し、衛生管理計画よりも具体的にルールを構築しておくという方法もあります。

　衛生管理計画の実施および確認・記録について、特定の従業員が違反を繰り返す場合や違反内容が悪質な場合には、始末書の提出を命じたり、懲戒処分等の厳しい措置をとり、「この店では衛生管理に関する違反は許さない」という姿勢を明確にしておくべきです。このような姿勢を示すことは、一時話題になった、いわゆる「バイトテロ」を防止するためにも有効と考えます。

　また、HACCP に関する講習を受講させたり、資格を取得させたりすると、従業員の衛生管理意識がより向上するでしょう。

6 新型コロナウイルス感染症と HACCP

　農林水産省の発表によると、食品を介して新型コロナウイルス感染症に感染したとされる事例は報告されていません（農林水産省ホームページ「新型コロナウイルス感染症について」参照）。新型コロナウイルス感染症の主要な感染経路は飛沫感染と接触感染であると考えられています。そのため、食品取扱者の体調管理やこまめな手洗い、アルコール等による手指の消毒、咳エチケット等、一般的衛生管理を実施していれば足り、HACCP において新型コロナウイルス感染症対策を行う必要はありません。

Q9　対面販売以外の衛生管理

当店では、売上拡大のため、店内での食品提供だけではなく、テイクアウトやデリバリーによる食品提供を考えています。衛生管理上、特に注意すべき点があれば教えてください。また、キッチンカーを使った移動販売をする場合の注意点もあればあわせて教えてください。

▶▶▶ Point

① **テイクアウト・デリバリーでは、顧客の食べる時間、食べ方をコントロールするための工夫が必要です。**

② **移動販売では、店舗用とは別の衛生管理計画を作成してください。**

③ **使い捨て容器・カトラリー等の保管状況も一般的衛生管理に加えてください。**

1　テイクアウト・デリバリー

(1)　特　徴

テイクアウト・デリバリーは、一般に、店内での食品提供と異なり、調理してから顧客が食べるまでの時間が長いという特徴があります。そのため、細菌等が増殖する可能性が高くなり、食中毒発生のリスクが高いとされています。

また、テイクアウト・デリバリーは、顧客の食べ方をコントロールすることが困難です。要冷蔵・要冷凍の食品、喫食時に再加熱が必要な食品、当日中に食べなければならない食品等を提供する場合、飲食店側で適切な説明を尽くしても、顧客がそのとおりに実行してくれるとは限りません。そのため、顧客において、適切な保管、調理を行わず、食中毒が発生してしまうこ

47

とがあります。

　デリバリーを外部事業者に委託する場合、配達時間や保管方法等の説明を当該外部事業者に依存することとなりますので、一層、顧客の食べる時間や食べ方をコントロールすることが困難となります。

　さらに、テイクアウト・デリバリーの場合、店内で洗浄、乾燥を行った食器ではなく、使い捨て容器やカトラリーを用いることが多いと思われます。使い捨て容器等を用いる場合、顧客への提供ごとに洗浄することが容易ではありませんので、店内に比べて、容器等を通じた食中毒発生のリスクが高いといえます。

⑵　衛生管理上の注意点

　デリバリーの場合、配達時間を逆算し、配達可能な範囲を限定する等の工夫が必要です。デリバリーを外部事業者に委託する場合には、当該事業者が配達員に対する適切な管理・指導を行っているかという点も考慮し、委託先を決定する必要があります。

　また、顧客の食べる時間や食べ方をコントロールするためには、食品と一緒に、保管方法、再調理方法、喫食期限等の注意点を明記したチラシを同封する、容器にシールを貼るといった工夫が必要です。これによって、食中毒が発生するリスクを抑制できるほか、万が一、食中毒が発生した場合であっても、十分な説明を尽くしたとして、損害賠償のリスクを抑制することができます。

　さらに、使い捨て容器やカトラリーを使用する場合、容器等の保管状況も衛生管理計画に加え、容器等に細菌やウイルスが付着するリスクを回避する必要があります。たとえば、湿度の高い場所に保管していたため、カトラリーが長時間湿った状態に置かれていたといった事態が生じないよう注意が必要です。容器に入れて提供する際には、浅い容器に小分けするといった工夫もできます。

2　移動販売

(1)　特　徴

近年、キッチンカーや屋台を用いた移動販売を行う飲食店が増加しています。初期費用が抑えられることに加え、新型コロナウイルスの流行に伴って、三密回避の目的で人気が高まっていることからも、移動販売に参入する飲食店が増加しているようです。

移動販売の場合、店舗に設置されている設備を使うことが難しいという特徴があります。

(2)　衛生管理上の注意点

移動販売においても、顧客が食品を持ち帰って食べる場合があります。そのため、テイクアウト・デリバリーと同様に、顧客に対し、保管方法、再調理方法、喫食期限等の注意点を確実に伝えるための工夫が必要です。

また、店舗と異なり、設備や保管・調理スペースに制約があるため、一般的衛生管理のうち、①庫内温度の管理、②交差汚染・二次汚染の防止、③器具等の洗浄・消毒・殺菌といった項目には特に注意が必要です。そのため、Q8の「HACCPの考え方を取り入れた衛生管理のための手引書（小規模な一般飲食店事業者向け）」の様式とは別に、ポイントを吟味したうえで、移動販売用の衛生管理計画を作成することが望ましいです。

特に、夏季に移動販売を行う場合には、温度管理が通常より難しいため、温度管理にはより一層注意する必要があります。

なお、保健所は、移動販売車の設備に関する基準（給水タンクの容量、運転席と調理区画の分離、冷蔵設備等）を定めていますので、キッチンカーを制作する場合には、事前に、営業許可申請をする地区の保健所に確認しましょう。

Q10 食中毒が発生した場合の対応①──保健所等

食品衛生に関して、もしお客様から嘔吐等の食中毒症状があるとの連絡があった場合、どのように対応すればよいのか教えてください。

▶ ▶ ▶ Point

① 食中毒発生の可能性があるときは、速やかに保健所に届け出て、被害拡大防止を優先してください。

② 顧客の注文伝票やHACCPの実施記録を基に、原因と考えられる食品とそれを食べた顧客の範囲を特定してください。

③ 食中毒が発生した場合、営業停止処分等を受けることがあります。

1 食中毒の発生が疑われたときの対応

(1) 飲食店における具体的対応

顧客から食中毒を疑わせる連絡を受けた場合、①来店日時、②人数、③当日食べた料理、④発症日時、⑤症状を聴き取り、必要に応じて、病院の受診と受診結果に関する情報提供を依頼します。

そのうえで、顧客の注文伝票やHACCPの実施記録を確認し、原因と考えられる食品とそれを食べた顧客の範囲を特定します。

可能であれば、該当する顧客に連絡を取り、症状の有無をヒアリングします。顧客の連絡先がわからない場合は、ホームページの掲載や店頭の掲示等によって積極的に情報発信すべきです。

食中毒発生の可能性が高い場合には保健所に連絡し、指示に従います。通常、食品衛生監視員による調査が実施されますので、その調査に協力します。被害の程度・範囲によっては報道機関への情報提供も検討しなければな

りません。

このように、食中毒発生の可能性があるときは、被害の拡大防止を最優先に考えます。

(2) 食品衛生法の規定

食中毒の疑いがある患者を診断した医師は、保健所長への届出を義務づけられています（食品衛生法63条1項）。保健所長は、医師からの届出を受けたときや食中毒が発生していると認めるときは、都道府県知事への報告と食中毒発生に関する調査を行うことを義務づけられています（同条2項）。

つまり、法律上、飲食店には保健所への届出が義務づけられていません。しかし、食中毒発生の可能性があると判断したときは、速やかに保健所に届け出ることによって、迅速に被害を拡大させないための措置をとらなければなりません。

2 食品衛生法上の行政処分

飲食店で食中毒が発生した場合、食品衛生法に基づく行政処分を受ける可能性があります。

行政処分には、①営業停止処分（期間を定めた処分）、②営業禁止処分（危害を除去するまでの期間の設定が困難な場合に期間を定めない処分）、③許可取消処分があります（食品衛生法60条）。その他に、食品等の廃棄命令、危害除去措置命令（販売禁止、使用禁止等）、施設の整備改善命令といった行政処分もあります（同法59条・61条）。また、行政処分に至らないものの、行政指導の一内容として、始末書、顛末書の提出を求められることもあります。

行政庁が処分内容を検討するにあたっては、事故発生時、飲食店が被害拡大防止のために真摯な対応を行ったか否かが考慮されることも十分に考えられます。

3 刑事処分

　飲食店で食中毒が発生した場合、食品衛生法に基づく刑事処分を受ける可能性があります。法定刑は、個人について3年以下の懲役または300万円以下の罰金とされており（併科されることもあります）、法人については1億円以下の罰金とされています（食品衛生法81条・88条）。

　結果が重大または態様が悪質といった場合には、刑法の業務上過失致死傷罪（刑法211条）として処罰される可能性もあります。業務上過失致死傷罪および法定刑は、5年以下の懲役もしくは禁錮または100万円以下の罰金とされています。

第3章

店舗に関する相談

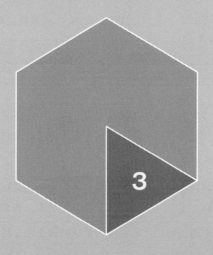

3

Q11　出店時の賃貸借契約締結上の注意点

> 新しく出店するにあたって、不動産仲介業者から店舗物件の建物賃貸借契約書が送られてきました。契約条項の中でどのような点に注意すべきか教えてください。

▶ ▶ ▶ Point

① 普通建物賃貸借（一般的な賃貸借契約）か定期建物賃貸借かどうかを確認してください。

② 契約の基本的な内容（賃貸期間、賃料、賃貸面積、飲食店舗に係る特約等）を確認してください。

③ 原状回復義務、借主の連帯保証人、重要事項説明書・不動産登記情報を確認してください。

1　建物賃貸借契約の重要性

　飲食店を開店するにあたって、建物（法律上、「建物」とは必ずしも建物1棟全体という意味ではなく、1棟の建物内に存在する部屋等も指します）を賃借するケースが大多数です。これは、建物賃貸借と呼ばれる契約です（民法601条）。

　建物賃貸借は、お金を支払って建物を借りるという点では単純な契約のように思われますが、建物利用に関するさまざまな条件が規定されています。

　建物賃貸借という契約類型の中には、後記2で述べるように、普通建物賃貸借と定期建物賃貸借という性質が大きく異なるものが含まれていますし、賃貸借期間中は賃料を支払っていればよいとしても、賃貸借契約中に建物に不具合が出た場合や退去時にどの程度の原状回復をしなければならないかを

54

めぐってトラブルとなる事例も多数存在します。

　契約書の内容が理解できていなければ、賃貸借契約の条件について交渉することも問題点を発見することもできません。賃貸借契約書の内容を理解することは飲食店を始めるにあたってとても重要なことです。

2　普通建物賃貸借と定期建物賃貸借

　普通建物賃貸借は、賃貸借期間が定められたとしていても契約が更新されることが原則であって、賃貸人の側から契約を終了させるには、期間満了の1年前から6カ月前までの間に契約を更新しない旨の通知（更新拒絶通知）をし、かつ、正当事由が備わっている必要があります。

　正当事由とは、賃貸人からの更新拒絶が正当とされる特別な事情というような意味合いです。具体的には、賃貸人および賃借人が建物の使用を必要とする事情のほか、賃貸借に関する従前の経過、建物の利用状況および建物の現況、そして賃貸人が建物の明渡しと引換えに賃借人に対して財産上の給付をする旨の申出（立退料の提供）を考慮して、正当事由が備わっているかが判断されます。要するに、賃貸人の側から明渡しを求める際のハードルはなかなか高く、賃借人としては、契約に定められた期間が終ってもそこで追い出されることはなく、仮に出て行かざるを得ない場合でもそれなりの立退料をもらえるとの予測ができます。

　これに対して、「定期建物賃貸借」では、賃貸借期間が満了すると賃貸借は終了となり、契約の更新はなく、したがって更新拒絶通知も正当事由も必要ありません。「普通建物賃貸借」において、賃貸借を終わらせるために賃貸人が超えなければならなかったハードルが、「定期建物賃貸借」においてはすべて撤廃されているのです。「定期建物賃貸借」についてはQ12で詳しく説明します。

3 契約の基本的な内容

(1) 使用目的

　賃貸借契約では、物件の使用目的が定められている場合があり、賃借人が使用目的と異なる目的で物件を使用すると、賃貸人から賃貸借契約を解除されることがあります。使用目的としてたとえば軽飲食可、重飲食不可などという記載がある場合など、後々のトラブルにならないよう契約時にどのような業態が可能かを確認する必要があります。

(2) 賃料その他の金銭支払義務

　飲食店出店において、店舗を借り受けるために必要な賃料は大きな判断要素となります。業態によって異なりますが、一般的には賃料は毎月の売上の10%程度に抑えておきたいところです。

　賃料というと毎月支払う金額が想定されますが（これを「支払賃料」ともいいます）、これとは別途、敷金・保証金、礼金・権利金名目での支払義務があります（支払賃料にこれらを含んだ概念として「実質賃料」といいます）。商業施設物件では、毎月の売上に応じて賃料が変動する契約もあります。

　敷金・保証金は、賃貸借契約締結時に、賃借人が賃貸人に一定の金銭を預託するもので、賃貸借契約終了時に賃借人に未払賃料等があれば、その金額を差し引いて残額が返還されますが、契約終了時に敷金の一部が無条件で差し引かれる場合や、中途解約違約金として敷金を没収すると規定されている場合もあります。

　礼金・権利金は、賃料の前払的性格を有する一時金であり賃借人に返還されることはありません。契約更新時に更新料を支払うとされている場合の更新料も同じ性質の一時金です。

　さらに、上記賃料とは別に、共益費・管理費名目で共用部分の管理に要する費用の支払義務があることが一般的です。

　賃料については、毎月の支払賃料だけでなく実質賃料および共益費などを

賃貸借契約締結時に確認したうえで、出店に見合う物件がどうかを判断することが必要です。

(3)　契約期間

賃貸借契約には契約期間が定められています。

普通建物賃貸借の場合には、契約更新を期待できるため契約期間が短いことにあまり神経質になる必要はありませんが、契約期間が長く、契約期間中の中途解約に違約金が設定されている場合には、閉店する場合の費用負担が大きくなることもあります。

(4)　特約条項

契約書の条文で網羅できない項目などを、特約として記載する場合もあります。フリーレント（賃料免除）付きの契約、中途解約条項など内容が特約として記載されることがあります。飲食店に関しては、営業時間を指定する条項、事業ゴミ等の集積時間を特定する条項、カラオケや演奏を禁止する条項などが記載してあることも多いので、よく理解したうえで変更したい場合には交渉する必要があります。

4　原状回復義務

退去時に入居時の状態に戻すことを原状回復といい、一般的には賃貸人が工事費用を負担します。ここでは、まず原状回復の工事範囲が契約書上明確になっているかどうかを確認する必要があります。

また、工事業者の指定が賃貸人になっているかどうかも要チェックです。賃貸人が指定する業者では工事費用が高くなる可能性があるため、可能であればこの指定を外したいところですが、少なくとも賃貸人に工事費用の見積もりを開示させることは不可欠です。

5　連帯保証

建物賃貸借契約の賃借人の債務について連帯保証人を要求される場合が多

くあります。連帯保証人の保証額については極度額を記載することが必要と
されています。

6 重要事項説明書、建物の登記情報も重要

重要事項説明書には、冷暖房、上下水道、電気、電話回線などの設備の記
載があります。入居後のトラブル回避のために、細かく確認する必要があり
ます。

また、登記記録上、賃貸借契約の締結前から抵当権が付いている場合、物
件所有者が金融機関（抵当権者）への支払いができず抵当権の実行をされた
場合、賃借人は、抵当権者や、競売で落札した新所有者に対し、賃借権を対
抗できなくなり、（民法上6カ月の引渡し猶予はありますが）建物を明け渡さ
なければならない事態も発生します。

Q12　出店時の定期賃貸借契約締結上の注意点

新しい店の賃貸借契約について、不動産仲介業者から定期建物賃貸借契約でお願いしますと言われました。定期建物賃貸借契約とはどのような契約か教えてください。また、どのような点に注意すべきかどうかも教えてください。

▶ ▶ ▶ Point

①　**定期賃貸借契約は契約期間が明確に定められており、契約の更新がありません。**

②　**立退料などは請求することができません。**

③　**定期借家契約であることの丁寧な説明が必要となります。**

④　**賃料の増減額請求を排除できます。**

1　定期建物賃貸借契約

定期建物賃貸借（定期借家）とは、契約で決めた賃貸借期間の満了により、契約が更新されることなく終了する建物賃貸借契約です（借地借家法38条）。

通常の建物賃貸借（普通借家）では、Q11で説明したとおり、賃貸人に「正当の事由」がなければ契約の更新を拒絶することができません（借地借家法28条）。そのため賃貸人は、いったん建物を賃貸すると、賃貸借契約を終了させることが難しくなります。

そこで、賃貸人側で期間が終了したら確実に建物明渡しを求めることができる定期建物賃貸借契約が平成12年3月1日施行の改正借地借家法に基づいて認められました。

2　定期建物賃貸借契約の成立

　借地借家法38条1項は、「公正証書による等書面によって契約をする」ことを要求しています。書面は公正証書に限定されるわけではなく、一般的な契約書でも問題ありませんが、その契約書において、契約の更新がなく期間の満了により契約が終了することを明記することが必須です。

　また、借地借家法38条2項は、「あらかじめ、建物の賃借人に対し……建物の賃貸借は契約の更新がなく、期間の満了により当該建物の賃貸借は終了することについて、その旨を記載した書面を交付して説明」することを要求しています。

　賃貸人が書面による説明を行わなかった場合、定期建物賃貸借契約としての効力はなく、普通建物賃貸借契約として扱われます（借地借家法38条3項）。賃借人の側からみれば、書面による説明がなかったことを理由として、当該建物賃貸借契約は普通借家であると主張できることになります。

　判例では、書面による説明は、契約書とは別個独立の説明書を交付する必要があるとされています（最高裁平成24年9月13日判決・民集66巻9号3263頁）。

　なお、定期建物賃貸借であるとの説明を受けても、契約交渉の段階で、賃貸人から「形の上では『定期建物賃貸借』にしておくけれど、期間が満了したら再契約します」というようなことを言われるケースもあります。しかし、賃借人としては、賃貸人からそのような約束を書面で取りつけることができるか（そのようなことは現実にはまず考えられませんが）、必ず再契約することを約束しますなどという説明を録音でもしていなければ再契約の合意の存在を立証することは困難です。賃借人としては、定期建物賃貸借契約であることを前提として（経営戦略によりますが）賃貸借期間を長くする姿勢で粘るほうが得策だと考えられます。

3　賃料増減額請求の排除

　定期建物賃貸借契約においては、普通建物賃貸借契約とは異なり、賃料の改定に係る特約を設けることにより、賃料増減額請求を認める借地借家法の規定（借地借家法32条）の適用を排除することが可能となります。（同法38条7項）。

　この特約は、賃料の金額を客観的かつ一義的に定め、法定の賃料増減請求権を排除して当事者の契約上の合意を優先するに足る内容であることが必要とされています。

　具体的には、契約期間中は賃料の改定を行わないという単純不改定条項や、一定期間ごとに一定の割合で賃料を増額する固定増減率を定める条項、一定の期間経過ごとに消費者物価指数などの特定の指数の変動に応じて賃料を改定する変動増減率を定める条項などがこの特約に該当すると言えます。

　つまり、賃料を増減額しない旨の合意を含め、当事者の合意に基づく賃貸借契約上の特約を優先する（契約当事者を拘束する）ことになります。

4　賃貸借終了の通知

　定期借家期間が1年以上である場合、賃貸人は、期間満了1年前から6カ月前までの間（通知期間）に賃借人に、期間満了により賃貸借が終了する旨の通知をしなければ、賃貸借期間が満了しても契約の終了を賃借人に主張することができません。ただ、賃貸人は通知期間の経過後であっても通知を送れば、その通知日から6カ月すれば、契約の終了を賃借人に主張できます。

　賃借人は、同一物件での賃貸借を希望するのであれば通知日から6カ月以内に再契約の交渉をして再度新しい定期建物賃貸借契約を締結する必要があり、この再契約交渉によって賃貸人との合意ができなければ建物を明け渡すことが必要となります。再交渉の際には、賃料の増額や敷金の積み増しなどが賃貸人から提示されることがありますので、建物の継続使用についての経

営戦略から再契約締結の判断を行わなければなりません。

5　契約の中途解約

　事業用の物件について、原則として中途解約は認められません。また、中途解約の場合に違約金として契約期間に相当する期間の賃料相当額を支払う旨の記載も散見されます。

　まずは、契約締結交渉段階で賃借人側からの中途解約を認める特約を定めるよう交渉する必要があります。賃貸借契約の中途解約については、Q15で詳しく説明します。

　また、資料として事前説明書の雛型を紹介しますので、参考にしてください。

〔表4〕　定期建物賃貸借契約と普通建物賃貸借契約の比較

借家契約の種類	定期建物賃貸借契約	普通建物賃貸借契約
契約方法	契約書の作成および期間の満了により当該建物の賃貸借は終了する旨を記載した書面の交付が必要	書面・口頭いずれも可能
更新の有無	期間満了により終了 正当事由は不要	原則として更新される 更新を拒絶するには正当事由が必要
期間制限	制限なし （自由に期間を設定できる）	平成15年3月1日以降の契約は制限なし
1年未満の期間設定	可能	「期間の定めなし」となる
賃料減額請求の排除	特約で排除できる	特約で排除できない
賃借人からの中途解約	原則不可だが、特約による居住用物件については例外あり	原則不可だが、特約に従う

【資料２】　事前説明書（雛型）

定期建物賃貸借契約についての説明書

賃貸人：○○株式会社

○○部長　○○○○　印

　下記貸室について定期建物賃貸借契約を締結するに当たり，借地借家法第38条第２項に基づき，次のとおり説明します。

　下記貸室の賃貸借契約は，更新がなく，期間の満了により賃貸借は終了します。したがって，期間の満了の日までに，下記貸室を原状回復のうえ，明け渡して頂くことになりますので，予めご承知おき願います。

記

1．貸室　　　　　○○ビル○階○区外　　　　○○㎡
2．使用目的　　　軽飲食店
3．契約期間　　　令和○年○月○日から
　　　　　　　　　令和○年○月○日まで

以　上

　上記につき賃貸人より借地借家法第38条第２項に基づく説明を受けました。

令和○年○月○日

賃借人　△△株式会社

△△部長△△△△　㊞

Q13　ショッピングセンターへの出店時の注意点

人気の高いショッピングセンターへの出店が決まりそうなのですが、一般的なビルの店舗よりも賃借人に対する縛りが強いようです。どのような点に注意すればよいか教えてください。

▶ ▶ ▶ Point

① **定期建物賃貸借契約という点に注意してください。**

② **賃貸借期間前や賃貸借期間中に施設側の都合で区画の縮小や変更ができます。**

③ **賃貸借期間前や賃貸借期間中の解約が制限され、解約できる場合でも多額の解約金（違約金）を請求される建付が多くみられます。**

④ **営業面での施設側の拘束が強く、販促等についてテナント独自の判断だけで動いてはいけない建付になっていることが多いです。**

⑤ **原状回復についても、ディベロッパーによる工事業者の指定がなされたり、ショッピングセンターの営業時間内の工事が制限されることがあります。**

1　ショッピングセンター

一般社団法人日本ショッピングセンター協会によると、ショッピングセンター（以下、「SC」といいます）とは、一つの単位として計画、開発、所有、管理運営される商業・サービス施設の集合体で、駐車場を備えるものをいい、その立地、規模、構成に応じて、選択の多様性、利便性、快適性、娯楽性等を提供するなど、生活者ニーズに応えるコミュニティ施設として都市機能の一翼を担うものであると定義されています。

そして、SCは、ディベロッパー（以下、「DEV」といいます）により計画、開発されるものであり、次の条件を備えることを必要とするとされています。

① 小売業の店舗面積は、1500㎡以上であること

② キーテナントを除くテナントが10店舗以上含まれていること

③ キーテナントがある場合、その面積がSC面積の80％程度を超えないこと

④ その他テナントのうち小売業の店舗面積が1500㎡以上である場合には、③の限りではない

⑤ テナント会（商店会）等があり、広告宣伝、共同催事等の共同活動を行っていること

　要するに、SCは、賃貸人であるDEVが大型の施設を管理運営し、施設の統一的営業方針を策定し、それを入居する多数のテナントに遵守させ、DEVとテナントがいわば共同事業を営むことになるという特殊性があるのです。通常のオフィスビルや住居用ビルの賃貸借契約においては、賃貸人の基本的な権利義務は、賃貸目的物を賃借人に使用収益させる義務と賃料を収受する権利だと考えて差し支えないですが、SCの賃貸借契約の場合は、DEVが定める統一的営業方針にテナントも拘束され、テナントの経営にもDEVが口を出してくること、特に施設全体の足並みを乱すようなテナントの行為は許さないという基本思想に立って契約書がつくられているということをまず押さえておきましょう。SCへの出店は、DEVのブランド力や大々的な宣伝広告などで大きな集客を見込めるというメリットがありますが、このようなDEVとの関係性を踏まえて契約条件を十分に検討する必要があります。

② 現在の主流は定期建物賃貸借契約

　現在では、SCの賃貸借契約はほぼすべて定期建物賃貸借契約になってい

ます。

　定期建物賃貸借契約についての注意点については、Q12を参照してください。

③ 区画の縮小や変更

　SC の賃貸借契約では、SC 側の都合で、賃貸借期間前の区画の縮小や、賃貸借期間中の区画の縮小や変更ができるとされており、しかも、賃貸借期間中の区画の縮小や変更に要する費用（の一部）が賃借人の負担とされる例が多いところです。

　賃貸借期間前の区画の縮小が必要となる理由は、官公庁の指示や工事設計の都合等であり、賃貸借期間中の区画の縮小や変更が必要となる理由は、法令の改正、行政の指導、リニューアル等です。

　前記１で述べた SC の特殊性をも考慮すると、これらの理由が一般的に不合理とまではいえず、こうした条項を一切拒絶するのは困難です。

　テナント側としては、DEV に対して以下のような申入れをして、契約上不利な立場に置かれないようにすることが有益です。

　① 賃貸借期間前の区画の縮小については、面積が減少した場合は減少した面積に応じて賃料を減額する、面積が一定割合以上減少した場合は違約金なしでテナントが契約を解除できるといった条項を入れる

　② 賃貸借期間中の区画の縮小や変更については、DEV の一方的な決定にテナントが従うのではなく、DEV とテナントが協議をして、協議が調ったときに区画の縮小や変更ができるという建付にし、区画の縮小や変更に要する費用（工事費用等）の負担についても、DEV とテナントの協議によって決定することとする

④ 解約金（違約金）

　SC の賃貸借契約においては、賃貸借期間前や賃貸借期間中の解約が制限

され、解約できる場合でも多額の解約金（違約金）を請求される場合が多く見られます（Q15参照）。

　まず、基本的な考え方として、賃貸借期間前や賃貸借期間中の解約が契約上禁止されている（このような解約がされることを想定した規定が置かれていない）場合には、解約はできず期間満了まで賃料を支払わなければならないことを覚悟しなければなりません。

　解約金を支払えば解約できるという規定が置かれている場合は、その額を支払えば解約することができます。ただし、解約金の支払いに加えて、一定期間前の予告が求められる（つまり解約の意思表示をしてから解約の効果が発生するまでにタイムラグが生じ、その期間中は賃料を支払わなければならない）場合もあります。

　一般的には、SCは開業時やリニューアル時に大きな集客を見込め、そのタイミングで一部の区画に穴が開いていると施設のブランドイメージが損なわれることから、賃貸借期間前の解約については解約金の額がかなり高額（賃料1年分程度）に定められているケースが多いところです。

　賃貸借期間中の解約については、解約金の額は、賃料6カ月分から1年分程度に定められていることが多いですが、比較的長期の契約の場合などは、最初の時期は解約金が高額に設定され、時間の経過とともに解約金の額が下がっていくという定めになっていることもあります。基本的には、解約する場合は、契約で合意された解約金を支払わなければなりません。

　解釈が分かれるのは解約金の額が残期間の賃料相当額と定められている場合です。裁判例では、このような条項が丸ごと有効とされた事例と、賃料6カ月分ないし1年分を超える部分について効力を否定した事例がありますが、それは、そのような解約金の定めをした合理性が認められるかどうかにかかっているようです。つまり、契約期間中に解約しないことを前提に賃料が低く設定されたとか、テナントが強く出店を希望しDEVがテナントの出店意欲を信頼して多数の出店希望者の中から当該テナントを選定したといっ

た事情があると、高額の解約金の定めも有効と判断されやすくなります。このように、個別事情により結論が変わり、予測が難しいところですので、テナントとしては、このような定めが契約書に置かれている場合には、解約金の額を賃料6カ月分ないし1年分にすることをDEVに求めるべきでしょう。

5　営業面での拘束

　SCの賃貸借契約では、販促等の面についてSC側の拘束が強く、テナント独自の判断だけで動いてはいけない建付になっていることが通常です。

　まず、営業種目等につき、DEVの承諾なく変更することは許されないとされます。この点については、テナントとしては、DEVに対し、当該施設の統一的な運営管理の観点に照らして必要性が認められない限り、DEVはテナントからの申入れを拒絶することはしないという条項を入れてほしいと申し入れることが考えられます。

　また、SCにおいては、営業管理規則や売上管理規則等が置かれ、営業日・営業時間、売上金管理、広告の掲出等についての規制、SC内での客引き行為やビラ等の配布の禁止、全館営業企画への参加、テナント会への参加等が定められており、テナントはこれらに従わなければならず、販促等についてテナント独自の判断だけで動くことは許されないことに注意が必要です。

6　原状回復

　原状回復についての一般論はQ17で扱われていますので、ここではSCの場合に特に注意が必要な点に絞って説明します。

　一般に、SCにおける工事は、A工事（DEVの費用負担でDEVの工事業者が行う建物躯体部分等の工事）、B工事（テナントの費用負担でテナントの要望（仕様）によりDEVの工事業者が行う工事（給排水工事や防災設備工事等）、C工事（テナントの費用負担でテナントの工事業者が行う工事（内装工事等））に区

分されます。

　SC における原状回復は B 工事部分と C 工事部分が対象となります。建物全体にかかわる B 工事部分の原状回復を行う必要があるため、少なくとも B 工事部分については、DEV による工事業者の指定がなされるのが通例です（DEV がテナントの費用負担で原状回復を行うという定めになっていることもあります）。DEV が工事業者を指定すると、競争原理が働かず、費用はテナントが負担するため DEV が工事業者との間で工事費用の交渉をすることもないので、工事費用が相当高額になります。

　これに加え、SC の営業時間内の工事が制限されるのが通常ですので、原状回復工事は、深夜等の営業時間外の時間帯にしか行うことができません。したがって、工事期間は長めになり、それに伴って費用もかさむこととなります。

　これらの点については、基本的に DEV との交渉によって解決することは困難ですので、入居時にあらかじめこのようなリスクがあることを見越して事業計画を立てる必要があります。

Q14 造作譲渡による出店時（居抜き物件による出店）の注意点

新しく店舗を出店する予定ですが、前の店の造作を譲り受けて居抜きで営業することになりそうです。どのような点に注意すればよいか教えてください。

▶ ▶ ▶ Point

① 譲渡の対象となる造作の対象や状態を確認してください。

② 賃貸人の承諾が前提となります。

③ 原状回復義務の内容を確認してください。

1 造作譲渡

店舗物件内の内装や設備を「造作」といい、店舗の前借主から新借主へ造作を譲渡する契約を造作譲渡契約といいます。造作譲渡を伴う物件は、店舗の内装や設備が残ったままの状態で借主が変更することから、居抜き物件ともいいます。

通常の店舗の賃貸借契約では、入居時に賃借人がスケルトン（内装設備がない状態）で借り受けて、内装工事や厨房設備等の造作費用を負担し、退去時には原状回復（造作設備等を撤去して借りたときの原状に戻す）義務によってスケルトンで明け渡す内容となっています。

一方で、以前の賃借人が設置した造作設備等がまだ使用できる状態であれば、スケルトンに戻さず、その造作設備等をそのまま引き継いで営業したほうが効率的であり、居抜き物件は、内装工事や厨房設備購入にかかる費用を抑えて飲食店を開業できるというメリットがあります。現在、居抜き物件を

専門に扱う不動産業者や、インターネット上での飲食店開店・閉店向けの居抜き物件専用ウェブサイトが増えており、店舗を丸ごと一括借上げ（サブリース）して、テナントに転貸するサービスを行う業者も多数存在します。

② 造作譲渡契約の注意点

(1) 譲渡の対象となる造作リストの作成と状態確認

造作譲渡契約を締結する場合には、譲渡の対象となる設備・物品のリストを作成することが必要です。契約書には「造作一式」とのみ記載されることも散見されますが、後々のトラブル回避のためにもリストの作成が必要です。対象設備・物品の中にリース物品が含まれているかも要チェックです。

そして、対象設備・物品は引渡し前にできる限り動作確認を行うとともに、後のトラブルにならないように、使用年数、使用頻度などの情報を確認することが必要です。このような情報が譲渡価格の決定にも有用です。

特にグリーストラップの清掃が必要な場合、床下に埋没している配管や厨房防水設備等の劣化など、居抜き物件にありがちな問題にも留意する必要があります。

また、リース品の契約期間がまだ残っている場合、リース会社と交渉して造作譲渡を受けた新賃貸人がリース契約を引き継ぐことが必要となります。まずは、リース契約の詳細を確認して、事前にリース会社に契約承継を依頼することになります。

(2) 賃貸人の承諾の確認

造作の譲渡は旧賃借人と新賃借人の間で行われますが、賃貸人の承諾を得ることが必要です。

一般的には、旧賃借人が賃貸借契約上スケルトンでの原状回復義務を負担している場合に、造作譲渡を前提として賃貸借契約を締結する場合には、旧賃借人および新賃借人がそれぞれ賃貸人の承諾を得る必要があります。不動産仲介会社が間に入ってその調整を行うことも多くありますが、その場合で

も賃貸借契約書の内容を確認することが必要となります。

　造作譲渡については、通常の賃貸借契約ではこれは認められないのですが、交渉によって賃貸人が了承する場合には、賃貸人、旧賃借人、新賃借人間の三者契約を締結して権利関係を明確にしておくことが有益です。

(3) 原状回復義務の範囲

　造作譲渡を受ける新賃借人は、原状回復の範囲を理解しておく必要があります。

　造作譲渡による賃貸借契約においても、契約終了時にスケルトンによる原状回復すなわち造作すべてを撤去した状況での返還義務を負担する記載が多く見られます。また、旧賃借人が退去時につけた傷の原状回復を、造作譲渡を受けたほうが負担することもあります。

　造作譲渡においては、居抜き物件としての譲受人が存在して賃貸人の承諾を受けることができなければ、スケルトンによる原状回復の費用を負担しなければならないことに注意しなければなりません。

Q15 賃貸借契約を中途解約した場合の違約金

出店中の店舗を閉店することになり、大家さんに賃貸借契約を解約したいと連絡したら高額の違約金の請求を受けました。対応策があれば教えてください。

▶ ▶ ▶ Point

① **賃借人はいつでも自由に中途解約できるわけではありません。**

② **中途解約の場合の違約金条項は原則として有効です。**

③ **賃貸借契約の内容や契約締結時および解約となった事情によって違約金条項の違約金額を争うことができます。**

1 賃貸借契約の中途解約

　賃貸借契約において、原則として賃貸人側から中途解約をすることはできず、契約の更新を拒絶することも難しいというのは、一般に知られていることかと思います。

　一方で、賃借人からの中途解約については、自由にできると思っている人もいるようです。確かに、賃貸借契約において賃借人が保護される場面は多いのですが、賃貸借契約は一定期間物を貸し借りするという約束ですので、賃借人も約束をした以上は、その一定期間が過ぎるまで解約することはできないのが原則です。

　もっとも、建物の賃貸借契約においては、たとえば6カ月前までに賃貸人に対して申し出ることにより、賃借人は契約期間中でも解約ができるという条項が入っていることがあります。このような条項がある場合は、その条項に従う限りにおいて、賃借人は中途解約をすることができます。

2　中途解約の場合の違約金条項

　賃貸借契約に中途解約の条項がある場合であっても、賃借人が中途解約を
する際には賃貸人に対して違約金を支払わなければならないとされていること
とがあります。たとえば、賃借人が中途解約をする場合、賃貸人に対して残
存する全期間の賃料に対応する額を違約金として支払わなければならないと
いう規定などです。

　一般に、中途解約をする場合に違約金を支払わなければいけないという約
定自体は有効です。実質的に考えても、中途解約をされれば通常はある程度
の期間空室が生じることになり、賃貸人はその期間分の賃料を得ることがで
きなくなるのですから、自分の都合で中途解約をした賃借人は、その期間分
の賃料を埋め合わせるべきだと考えることができます。

　もっとも、違約金の金額があまりに高額になると、賃借人からの解約が事
実上不可能になり、経済的に弱い立場にあることが多い賃借人に著しい不利
益が生じかねません。また、先ほどの空室に関する考慮についても、一定の
期間があれば新しい賃借人が見つかるはずなので、それ以降の期間について
は賃貸人が事実上賃料の二重取りをする結果になります。そのため、あまり
に高額な違約金を定める違約金条項は、賃借人に対して著しく不利なものと
して、公序良俗に反して無効とされるものと考えられます。

　裁判例でも、4年の契約期間で中途解約後の残存期間約3年2カ月分の賃
料および共益費相当額の違約金が請求可能な約定があった場合について、
「解約に至った原因が被告会社側にあること、被告会社に有利な異例の契約
内容になっている部分があることを考慮しても、約3年2か月分の賃料及び
共益費相当額の違約金が請求可能な約定は、賃借人である被告会社に著しく
不利であり、賃借人の解約の自由を極端に制約することになるから、その効
力を全面的に認めることはできず、……1年分の賃料及び共益費相当額の限
度で有効であり、その余の部分は公序良俗に反して無効と解する」と判示し

て、1年分の賃料および共益費相当額の限度でのみ有効であり、その余の部分は無効とされた事例があります（東京地裁平成8年8月22日判決・判タ933号155頁）。

　このように、賃貸借契約中途解約の場合の違約金を定めた契約条項は、6カ月ないし1年程度の賃料分を超える部分については、無効とされる可能性が高いものと考えられます。

　なお、この裁判例は、賃借人に中途解約権を認めていない場合で契約期間中に原状回復を行い建物を退去した場合にも参考になると考えられます。ただ、賃貸借契約締結段階において当該建物を賃貸人に一定期間使用させて賃料を得ることに経済的合理性が認められる場合には違約金が認められる範囲に影響を与えると考えることができます。

　違約金が高額であり納得がいかない場合、賃貸借契約の内容や契約締結時および解約となった事情等によって違約金条項の違約金額を争うことができます。違約金額の減額については、任意の交渉、調停、訴訟などの手段があります。

Q16　賃料減額を請求することの可否

> 出店中の店舗の賃料が近隣の家賃相場に比べてとても高く設定され
> ていることがわかりました。賃料を相場並みに減額してもらうための
> 方法を教えてください。

▶ ▶ ▶ Point

① **近隣の賃料相場について調査（不動産業者などの査定等）が不可欠です。**

② **賃貸人に対する賃料減額の通知を送付してください。**

③ **賃料減額請求の手続も要チェックです。**

④ **争いになった場合には不動産鑑定士による継続賃料の鑑定書が重要となります。**

1　賃料減額請求

　賃料の額は、原則として賃貸借契約によって決まります。そのため、通常は賃貸人が一方的に賃料を上げたり、賃借人が一方的に賃料を下げたりすることはできません。

　もっとも、賃貸借契約は、場合によっては何十年も続くものであり、契約当初に合意した賃料の額が、時間の経過等によって不合理なものとなることもあり得ます。このような場合、まずは契約当事者が話し合って新しい賃料を決めるのが原則ですが、契約当事者間で話し合いがまとまらないこともあります。

　そこで、法律では、一定の場合には、賃貸人または賃借人が一方的に賃料の増額や減額を請求することができることとされており（借地借家法32条1項）、これを賃料増減額請求権といいます。

　なお、定期建物賃貸借契約においては、賃料増減額請求権の適用を排除する特約も有効とされており、この特約がある場合にはそもそも賃料減額請求は認められません。

　ここでは、賃借人から賃貸人に対して賃料を下げるよう請求する、賃料減額請求についてご説明します。

② 賃料減額請求の要件

　それでは、どういった場合に、賃借人は賃料減額請求をできるのでしょうか。

　法律の条文では、「土地若しくは建物に対する租税その他の負担の増減により、土地若しくは建物の価格の上昇若しくは低下その他の経済事情の変動により、又は近傍同種の建物の借賃に比較して不相当となったとき」に、賃料の減額を請求することができるとされています（借地借家法32条1項）。要するに、いろいろな事情を考慮したうえで、賃料が不相当となった場合に、賃料の減額ができるということです。

　では、ここで言ういろいろな事情というのは何か、具体的に見ていきましょう。

①　現行の賃料が定められてから相当期間が経過したこと

　　長く時間が経てば、いろいろな事情が変化しますので、相当な期間が経過したことは、賃料が不相当であるかを判断する材料となります。

　　もっとも、相当期間が経過していなければ絶対に減額が認められないというわけではありません。たとえ短い期間であっても、経済事情が激変した場合であれば、賃料の減額は認められ得ると考えられます。近年の新型コロナウイルス感染症流行による経済事情の激変はこういった場合にあたる可能性があります。

②　建物の経年劣化

　　建物は古くなれば劣化し、使用価値が下がります。賃料は、建物を借

りる対価なので、建物の使用価値が下がれば賃料も下がると考えられます。そのため、建物が経年劣化したことは、賃料が不相当であることの材料となります。

③　必要経費の変動

建物を所有する賃貸人は、建物の固定資産税や火災保険料などの経費を支払っています。これら経費は賃料によって賄われるものですので、固定資産税の税率が下がったような場合、経費が少なくなったのですから、賃料も下がってよいといえます。その意味で、賃貸人が負担する必要経費が下がることは、賃料が不相当であることの材料となり得ます。

④　周辺家賃の変化

周りの同じような物件がより低い賃料で貸し出されていることも、自分の所の賃料が不相当であるといえる材料の一つになります。

もっとも、賃料の決定は他との比較だけでなされるものではなく、いろいろな要素がかかわってきます。また、建物の場合、厳密には二つとして同じものはないわけですから、ほかとの比較といっても限度があります。そのため、周辺物件と賃料に差があったとしても、それだけで賃料の減額が認められるとは限りません。

前記①～④の要素のほかにも、賃貸人と賃借人との関係の変化や、不動産の期待利回りの変化とかが、賃料が不相当であるか否かの考慮要素になり得ます。ただ、これがあれば必ず減額は認められる、という決定的な要素はあまりありません。いろいろな事情を見たうえで、総合的に判断をすることになります。

3　賃料減額請求権

賃料減額請求権は、形成権といって、当事者の一方的な意思表示があれば、それだけで法律関係が変動する権利とされています。つまり、賃借人が、賃貸人に対し、賃料減額請求をする旨の意思表示をすれば、それだけで

賃料は相当な額に減額されることになります。

4 相当な賃料

　賃料は、新規賃料と継続賃料に区分されます。新規賃料は新規に賃貸借契約を締結する場合の賃料を意味し、継続賃料はすでに締結された賃貸借契約の賃料を改定する場合の賃料を意味します。そして、賃料増減額の請求においては継続賃料の相当額を算出することになります。

　継続賃料の算出方法については、利回り法、スライド法、差額配分法、賃貸事例比較法の四つの手法があり、いずれの方式を使う場合でも、一定程度の専門知識が要求されます。また、このうちのどの方式が優れているといったことも一概には言えず、個々の事例ごとに適切な算出方法が異なってきます。さらに、複数の方法を組み合わせて賃料を算出することも行われます。

　このように、相当な賃料がいくらかを算出するのは簡単ではなく、通常は不動産鑑定士に鑑定を依頼することになります。

5 賃料減額請求権の行使

　まずやるべきことは、賃料が相当ではないか否かを独自に調査することです。不動産業者や不動産鑑定士に相談をし、現行の賃料が相場よりも高いといえるかを判断しましょう。そうして、賃料が不相当に高すぎると判断された場合、賃貸人と賃料の減額交渉をしましょう。

　賃貸人が賃料の減額に応じてくれればよいのですが、そうでない場合、次にすることは、賃貸人に対して賃料減額請求をする旨の意思表示をすることです。賃料減額請求の効果は、意思表示が賃貸人に到達した時点で発生しますので、早めに通知を出せば出すだけ賃借人にとっては得になります。なお、この意思表示は、書面でも口頭でもよいのですが、後に証拠を残すという観点から、配達記録付の内容証明郵便で行うのがよいでしょう。

　また、理屈のうえでは、賃料減額請求をした後は、賃料は相当な額に減額

されるのですから、賃借人は相当な額の賃料だけ支払えばよいことになります。ただ、すでに述べたように、相当な額が具体的にいくらであるかは簡単にはわかりません。そのため、賃貸人に対して賃料減額請求の通知を送った後、あらためて賃貸人と交渉をしたり、裁判所に調停を申し立てたりする必要があります（民事調停法24条の２）。

　また、後に調停や裁判で争われた結果、賃借人が相当だと思っていた額よりも、実際の相当な賃料の額が高額であったということもあり得ます。このような場合に、もし賃借人が自分の相当だと思う額しか賃料を支払っていなかったとすれば、賃料に未払いがあることになりますので、それを理由に賃貸借契約が解除されることも起こり得ます。そのため、賃借人としては、賃料不払いによる解除を避けるため、合意や調停等により新たな賃料額が決まるまで、今までとおりの賃料を支払い続ける必要があります。こうして支払った賃料については、後から支払いすぎだと分かった場合、賃貸人に返還を請求することができます。

Q17　賃貸借契約を終了した場合の原状回復義務の範囲

出店中の店舗を閉店して物件を賃貸人に返すことになったのですが、想定よりもかなり高額の原状回復費用を請求されました。減額の要求をすることができるのか教えてください。

▶ ▶ ▶ Point

① **原状回復義務の一般論を理解する必要があります。**

② **事業用賃貸借契約特有の問題点に注意してください。**

1　原状回復義務とその範囲

(1)　概　要

　賃貸借契約において契約が終了する際には、賃借人は賃借している物件をできる限り元の状態に戻してから賃貸人に返還する必要があります。もっとも、原状回復義務とは、建物を借りた当時の状態にまで回復しなければならないというものではありません。

　たとえば、賃貸人が10年前に新築のマンションを貸して、そこに賃借人が10年間住み続け、賃貸人が明渡しの際に10年前の状態に戻すことを請求できることになると、賃貸人は、10年間賃料を収受するだけでなく、返却時にはいつも新築の状態に戻してもらったうえで返してもらえることとなります。不動産は時間の経過とともに劣化が生じるため、本来10年経つと建物は10年分価値が減少してしまいます。そのため、このような10年前の状態に戻すような原状回復請求は、賃貸人に多くの利益をもたらしてしまうこととなるので認められません。

81

(2)　原状回復義務の範囲

　具体的に賃借人はどの程度まで原状回復をすればよいのかということですが、この点については「賃借人が通常の使用によって汚損・破損したものについては、賃借人に原状回復する義務はない」とされています。

　たとえば、畳が汚れてしまったり、壁紙が汚れてしまった場合などは、これが賃借人の故意または過失によって毀損された場合でなければ、通常の使用によって発生したものとして、賃借人がその負担をする必要はありません。

　なお、判例では賃借人の原状回復義務の範囲について、「建物の賃借人にその賃貸借において生ずる通常損耗についての原状回復義務を負わせるのは、賃借人に予期しない特別の負担を課すことになるから、賃借人に同義務が認められるためには、少なくとも、賃借人が補修費用を負担することになる通常損耗の範囲が賃貸借契約書の条項自体に具体的に明記されているか、仮に賃貸借契約書では明らかでない場合には、賃貸人が口頭により説明し、賃借人がその旨を明確に認識し、それを合意の内容としたものと認められるなど、その旨の特約（以下「通常損耗補修特約」という。）が明確に合意されていることが必要であると解するのが相当である」と判示しています（最高裁平成17年12月16日判決・集民218号1239頁）。

　すなわちこの判例によると、通常損耗についての原状回復義務は、あくまでも賃貸人側が負うのが原則であり、賃借人に同義務が認められるためには、通常損耗の範囲が賃貸借契約書の条項自体に具体的に明記されているか、賃貸人が口頭により説明し、賃借人がその旨を明確に認識し、それを合意の内容としたものと認められることが必要であるとしています。

　なお、令和2年4月1日施行の改正民法621条によって、原状回復義務の範囲については、「賃借物を受け取った後にこれに生じた損傷（通常の使用及び収益によって生じた賃借物の損耗並びに賃借物の経年変化を除く）」と、明確に定義されることとなりました。

　また、原状回復については、国土交通省より、「原状回復をめぐるトラブルとガイドライン」が公表されており、同省のホームページから内容を確認することが可能です。本ガイドラインは当事者間の契約内容を直接規律するものではありませんが、原状回復を行ううえでの指針として一般的に広く活用されています。

② 事業用賃貸借契約特有の問題点に注意

　上記はあくまでも、居住用賃貸借契約における原状回復の一般論ですが、事業用の賃貸借契約書では、借主にそれよりも強い原状回復義務を規定しているケースがほとんどです。すなわち、居住用の賃貸借契約の場合は、借主の物件の使用方法について大きな違いはありませんが、事業用の場合は借主によって使用方法が大きく異なるからです。そのため、事業用の賃貸借契約においてはスケルトンで引き渡しスケルトンで返すのが基本となります。

　また、大手ディベロッパー（以下、「DEV」といいます）などは、工事内容について、A工事、B工事、C工事と称して、誰が施工し、誰がその費用を負担するかを明らかにしているケースが多いです。

　A工事とは、ビル本体の工事であり、主にビルの躯体部分や共用施設にかかわる部分がこれにあたります。建物の資産価値の維持にかかわる工事のため、費用負担や工事業者の発注は所有者が行い、工事した箇所や物の所有権も当然所有者（貸主）となります。したがって通常であれば、テナント退去時の原状回復工事においては、借主側にA工事の負担は生じません。

　他方、B工事は、借主側の要望でビルの施設や仕様を変更する工事であり、工事の費用負担は借主となります。法的に必要となる諸設備に関する工事、たとえば、消防設備を室内に設置するなどの安全性や工程に影響する工事などがあります。B工事の対象はビル自体の設備にあたるため、所有権はビルの所有者ということになり、工事の費用負担は借主ですが、工事業者は貸主指定業者となります。

こうした工事は借主側の要望や責任で行うものであるため、原状回復工事の対象となります。一方、工事業者については、上記のとおり貸主指定業者が行うことになります。これは、建物の構造をよく知る業者を選ぶことによって、不慮の事故やトラブルを減らすことが比較的容易になるためです。しかし、現状回復工事の発注については、費用を負担する借主側が行う必要があります。

最後に、C工事は、貸主承諾のうえで施工する工事で、専有部分の内装や電話、電気配線、LAN配線などがあたります。一般的な内装工事であるため、費用負担および当該箇所の所有権は借主となり、工事業者の選定も借主が行います。そのため、C工事に該当する工事によって設置された物については、原則退去時には解体し、原状回復しなければなりません。

A工事、B工事、C工事の区分については、一般的には上記のようなルールで規定されますが、詳細は各ビルによって異なります。3種の工事の分け方を決める「工事区分表」というものがあるため、判断が難しい場合、この工事区分表を見て確認することが必要になります。工事区分表は入居契約に記載されていますから、原状回復の際は注意しましょう。

原状回復の範囲についての取決めが不明確であったことによって後にトラブルになることが多いため、契約時に当事者間で確認しておく必要があります。

DEVが工事業者を指定した場合、競争原理が働かないことから、工事費用が高額になることが多いです。どちらが選定した工事業者を使用するかによっても原状回復の費用は大きく変わるため、その点についても事前に明確にしておくことが望ましいです。

３ 当事者間で調整がつかない場合

原状回復の費用について争いがある場合、まずは賃貸人との話し合いとなりますが、双方の主張が平行線になってしまうこともあります。そこでその

ような場合は、裁判手続を利用することも考えられます。

(1)　調停制度の利用

調停とは、裁判所において、裁判官と調停委員から構成された調停委員会が関与して、当事者同士が話し合いを行う手続です。公正な第三者が加わるため、当事者間での話し合いに比べれば、双方の話がまとまりやすくなります。

(2)　少額訴訟手続

少額訴訟手続とは、原則1回の期日で審理を終えて、判決を行う手続を言います。60万円以下の金銭の支払いを求める場合に限って利用することができる手続です。

(3)　問題点

裁判手続を利用したとしても、調停手続の場合は双方が合意に至らなければ問題は解決しませんし、少額訴訟手続も相手方が少額訴訟手続に反対した場合は通常の訴訟手続となってしまい、早期解決が困難となる可能性もあります。

4　最後に

原状回復の金額で揉めないためには、契約締結時点での取決めが不可欠です。また、仮にこちらの主張が正しいとしても減額の請求を行うためには、裁判所を利用しなければならないケースもあります。契約締結時点で当事者間において原状回復の内容と原状回復の業者選定をどちらが行うのかをしっかりと確認しておくことが重要となります。

Q18　賃貸借契約を終了した場合の敷金・保証金の返還

> 出店中の店舗を閉店して物件を賃貸人に返すことになりましたが、差し入れていた保証金をすぐには返せないと言われました。すぐに返してほしいのですがどうすればよいのか教えてください。

▶ ▶ ▶ Point
① 保証金の性質、契約時の取決めに注意をしてください。
② 一度揉めるとなかなか返金がなされないことがあります。

1 敷金・保証金

　敷金とは、一般に不動産の賃貸借契約時に賃借人から賃貸人に交付される金員で、未払い賃料、原状回復に関する損害金等を控除した残額につき、賃貸借契約終了後、明渡完了時に具体的に発生する停止条件付債権のことをいいます（最高裁昭和48年2月2日判決・民集27巻1号80頁）。

　他方、保証金の性質は、法律上必ずしも明確ではないため、賃貸借契約締結時点において、当事者間で契約締結時にその内容を契約書に明記することが多いです。

　保証金といった場合、通常は敷金と同様の意味で使われることが多いですが、償却費や賃貸人への建築協力金等の意味合いで使用されていることもあります。

2 敷金・保証金の退去時の取決め

(1) 敷金の返還時期

　敷金は、賃借人が明渡し義務を履行した後に精算のうえで返還されるた

め、敷金の返還のためには賃借人の明渡しを果たすことが条件となります。

そのため、敷金の返還を求める場合は、まずは賃借人が明渡しを履行することが条件となります。

(2)　保証金の返還時期

保証金はその有する性質によって返還の時期や方法が大きく異なります。保証金が敷金としての性質を有する場合は、前記(1)と同様の扱いとなるため、まずは明渡しを履行することが条件となります。しかし、仮に保証金が賃貸人への建築協力金という趣旨での交付であった場合は、実質的には貸金となるため、明渡しの履行が返還の条件とは必ずしもなりません。

保証金の趣旨については、通常賃貸借契約書で明らかにしているケースがほとんどですので、その内容に注意が必要ですし、契約書に保証金の趣旨についての記載がない場合は、事前に確認を行うべきです。

③　すぐに返してもらうためにはどのようにすればよいのか

(1)　契約書の確認

まずは、当事者間で交わした契約書の内容を確認し、保証金の性質を把握する必要があります。仮に、保証金が、敷金としての性質を有するものであれば、明渡義務を履行することが保証金返還のために必須となります。

もっとも、敷金または保証金の一定割合または一定額を控除して残額を返還する特約が締結されることがあり、このような特約（これらを、「敷引特約」といいます）も、控除される額が高額でなければ有効とされています。

敷引特約は、退去時における目的建物の補修に係る紛争を防止する機能があり、それゆえに合理性が認められています。言い換えると、通常の使用をした場合に生じる劣化や価値の減少（これらを、「通常損耗」といいます）を回復する目的のために敷引特約が置かれるのであり、敷引特約がある場合には、原状回復工事費用の中に通常損耗を回復するための項目を含めることはできないことになります。敷引特約が設定されている場合は、敷金が返還さ

れない可能性がありますので、十分注意が必要です。

　(2)　**保証金の性質が敷金としての性質を有しない場合**

　個別の判断となりますが、仮に賃貸人への建築協力金という趣旨での交付であった場合は、実質的には貸金となるため、即時に返還を求めることは困難でしょう。

4　どうしても返してくれないときにはどうするか

　保証金の返還について争いがある場合、まずは賃貸人との話し合いとなります。しかし、双方の主張が平行線になってしまう場合は、Q17のとおり、調停制度、少額訴訟手続等の裁判手続を利用することが考えられます。

　しかし、裁判所を使用する場合は、紛争が長期化する傾向があるため、回収には時間とお金（弁護士に依頼する場合は弁護士費用など）がかかることは避けられないでしょう。

5　改正民法との関係

　令和2年4月1日施行の改正民法によって、トラブルになりやすい「敷金」が民法622条の2で明確に定義されることとなりました。

　賃貸借契約においては、敷金のほかに、「礼金」「権利金」「保証金」などの名目で金銭の差入れが行われることがあり、その名目は不明確でした。しかし、改正民法によって担保の目的であれば敷金であることが明らかとされたため、令和2年4月以降に締結された賃貸借契約では、差し入れた金銭の名目で揉めることは少なくなると思われます。

6　最後に

　敷金や保証金の返還は、いざ揉めてしまうと即時返還の見込みはほぼなくなります。そのため、契約締結の段階で、①敷金または保証金の性質、②原状回復の範囲、③敷金返還の時期、を明確にしておく必要があります。

Q19　賃貸人からの立退要求を受けた場合の対応

> 営業中のお店があるのですが、突然賃貸人から建物が老朽化して建て替えることになったので契約を解除する、立ち退いてほしいといわれました。立ち退く必要があるのでしょうか。また、立ち退くとしたらどのような補償を受けることができるのか教えてください。

▶▶▶ Point

① 更新拒絶における正当事由を正しく理解してください。

② 仮に立ち退く場合は立退料を相手方に請求することができます。

1　立退交渉全般

　普通借家契約においては、賃貸人（貸主）が法定の期間に更新拒絶の通知をしない限り契約は更新されたものとみなされ、更新拒絶の通知には正当事由が求められます。また、解約の申入れについても正当事由が求められます。

　正当事由について借地借家法28条は、①建物の使用を必要とする事情、②建物の賃貸借に関する従前の経過、③建物の利用状況および建物の現況、④立退料の提示等を考慮事由として列挙しており、実務上は、この要件を充足しているかで争いになることが多いです。

　質問は、突然賃貸人から契約の解除と立退きの請求がなされたという事例のため、賃貸人の解約の申入れに「正当事由」が認められるかが争点となります。

2　老朽化の場合に考慮される事由

　建物の老朽化による明渡しの請求について判示した事例は数多くありま

す。

　たとえば、建物が倒壊するおそれがあり、建物を解体する必要がある場合は、賃貸人からの解約申入れには正当事由があるとした判例があります（最高裁昭和29年7月9日判決・民集8巻7号1338頁）。

　また、築50年のビル内にある事務所につき、倒壊のおそれを理由とする賃貸人の土地利用の必要性は、賃借人の使用継続の必要性より劣るとして、立退料の申出があっても正当事由は具備しないとした裁判例もあります（東京地裁昭和54年12月14日判決・判時967号88頁）。この事例で問題となっている物件は、建築後50年を経ており、建物の強度や基礎杭の耐久性について若干問題となる点があるものの、危険な建物である等と行政から指摘を受けたことのない建物であったとして、倒壊のおそれがあるなどとは認められないとしています。

　他方、近時の裁判例では、耐震性に問題がある場合に、立退料の金額によっては、立退きを認めるケースも出てきています（東京地裁平成28年3月18日判決・判時2318号31頁）。

③　立退きの際の補償

　老朽化のみを理由とする解約の申入れであれば、「正当事由」を満たすことは難しいケースもありますが、賃貸人側が立退料を支払うことを提示していれば、正当事由があることの一つの事情として考慮されます。

(1)　立退料

　立退料は、賃貸人から賃借人に対して、土地・建物の明渡しを条件に支払われる金銭です。法律上、賃貸人に立退料支払義務は規定されておらず、あくまでも当事者間の合意に基づき任意に支払われるべきものとなります。

　もっとも、立退料の支払いは、建物の明渡しを拒絶している賃借人にとっては、新たな居住先や営業拠点への移転が経済的に容易になります。また、立退きを求める賃貸人にとっては、正当事由があることの一つの事情として

考慮されることに加えて、賃借人側も態度を軟化させる可能性があります。

(2)　立退料の相場

　そうすると次に問題となるのが、ではいくらの立退料を支払えばよいのかという点です。この点は実に難しい問題であり、金額についての明確な基準はないのですが、一般には、賃借人の移転費用、新たな物件を借りる際に必要となる実費（敷金・礼金等）、立退きによって失われる借家権の財産的価値を基準に算定すると言われています。飲食店などの店舗物件については、新しい店舗で必要となる造作費用や売上・経常利益などを算定の要素とする場合もあります。

　実際の交渉の場面で、借家権の財産的価値を算出することは難しい場合が多いです。また、不動産鑑定士に依頼しても、鑑定人の判断が異なる可能性もあることに加えて、不動産鑑定士に依頼する費用面の負担もあります。

　そこで、飲食店側としては、まず移転費用・実費等を算出して、その金額に店舗移転に必要となる金額を上乗せして交渉していく手法がとられることが多いです。

　当該地域で長く営業を行ってきた飲食店で、特に固定客が多いような場合は、営業上の損失を十分考慮のうえで、立退料を算出すべきであると言えます。

4　最後に

　仮にこちらが立退きに応じる意向を持っている場合であっても、立退きは借主にとって金銭的な負担だけでなく、今までその土地で築いてきたものを失う可能性もあります。立退きに応じる場合であっても、賃貸人から補償をもらうように注意しましょう。また、立退料の金額が妥当であるかどうかについては、弁護士にご相談されることをおすすめします。

Q20　水漏れが発生した場合の対応

> 　営業中の店舗で天井から水漏れが発生しました。賃貸人からは店舗側で原因の特定と修理を行うようにと言われました。どのように対応すればよいか教えてください。また、保険による補償のしくみについても教えてください。

▶▶▶ Point

① 　水漏れの際の損害賠償についての一般論を理解してみましょう。

② 　個別の賃貸借契約の内容に注意してください。

③ 　保険の内容は事故が発生する前に事前に確認しておいてください。

1　水漏れの際に対応義務を負う者は誰か

⑴　民法上の規定

　賃貸借契約における修繕義務・費用負担義務は、原則として賃貸人にあります。賃貸人には、目的物である借家を本来の使用目的に適合した状態で提供する義務があり、賃借人はそれを使用する対価として賃料を支払う形になっているからです。

　民法606条1項も「賃貸人は、賃貸物の使用及び収益に必要な修繕をする義務を負う。ただし、賃借人の責めに帰すべき事由によってその修繕が必要となったときは、この限りでない」と定められています。

⑵　賃貸借契約上の内容

　もっとも、上記はあくまでも賃貸借契約書に規定がない場合の帰結であり、通常は賃貸借契約において修繕義務の負担についての定めがあります。そこで、まず確認すべきは賃貸借契約書ということになります。

2　水漏れの調査は時間との勝負

(1)　初動対応の重要性

　水漏れ事故は発生から時間が経てば経つほど、被害が刻々と拡大していきます。特に、店舗がショッピングセンターなどに入っているような場合は、水漏れが拡大すれば、店舗内の設備だけでなく、別の店舗にも影響が及ぶ可能性があります。そのため、水漏れへの対応は店舗の営業よりも優先して対応すべきであることが多いです。

(2)　水漏れの原因

　水漏れの原因としては、入居者による故意・過失によることが明らかなものと、給排水管の故障や老朽化による設備の不具合によって発生したものが考えられます。どちらに該当するかによって修繕義務を負うのが、店舗側となるのか、もしくは賃貸人（オーナー側）となるのかが変わります。

㋐　水漏れの原因が店舗にあった場合

　排水管の油詰まりなどが原因で水漏れが発生していた場合は、賃貸借契約の内容にもよりますが、店舗側の責任となる可能性が高いです。すなわち、排水管へ油を流す可能性のあるような店舗であれば、定期的に高圧洗浄やグリーストラップの清掃などを行わなければなりません。このような定期メンテナンスを怠っていたか、もしくは不十分であった場合は、店舗側に賠償責任が発生すると考えられます。

㋑　水漏れの原因が家主側にある場合

　契約内容によりますが、民法上は、給排水管の故障や老朽化による設備の不具合によって発生した場合は、家主側の責任となる可能性が高いです。

　賃貸借契約を締結する際に、万が一事故が発生した場合に、賠償責任を家主側と店舗側のどちらが負うのか、事前に確認しておきましょう。

(3)　店舗側としても記録を残しておく

　水漏れは、その発生原因および責任の所在をめぐって、後に法的紛争に発

展するケースも少なくありません。そのような事態にならないのが一番ですが、万が一水漏れ事故が発生した場合には、水漏れ箇所の写真や動画などを店舗側で記録化しておくことをおすすめします。

3　保険使用の際の注意点

(1)　加入している保険の内容を確認

水漏れ事故が発生した場合、店舗の損害は店舗が加入している火災保険で補償されていることが多いです。もっとも、加入している保険会社の保険契約の内容によっては補償を受けることができないケースもあります。特に、水漏れと水災（洪水・高潮・土砂崩れなど）を保険会社は区別しており、水災補償で水漏れ補償がカバーできないことは多いため、注意が必要です。

事故が発生する前に、ご加入の保険がどのような場合に適用されるものかをしっかりと確認することをおすすめします。

(2)　速やかに保険会社に連絡をする

保険を使用する場合は、水漏れ発生後、直ちに保険会社に連絡する必要があります。この点を怠ると保険が使用できなくなる可能性がありますので、速やかに保険会社に連絡することが重要です。水漏れの場合は、水漏れ発生の原因がどこにあるかによって賠償責任を負うものが誰であるかが変わる可能性もありますので速やかに保険会社に連絡をするように注意しましょう。

4　最後に

水漏れが発生した場合は、店舗が一定期間営業できなくなることに加えて、ほかの店舗にも影響を及ぼしてしまう可能性があります。水漏れ事故が発生しないのが一番ではありますが、店舗が気をつけていても発生してしまうこともあるので、まずは加入している保険の内容がどのようなものであるかと、万が一事故が発生した場合の責任の所在を事前にご確認ください。

Q21　臭気・排煙をめぐる問題

> マンションの１階部分を賃借して焼鳥屋を経営していますが、マンションの住人から臭気と排煙に我慢ができない、臭気・排煙がでないような営業をするようにとの要請を受けました。どのように対応すればよいか教えてください。

▶ ▶ ▶ Point

① **臭気に関する法律や裁判例の傾向を理解してみましょう。**

② **近隣と揉めないための対策を講じてください。**

1 はじめに

　一般にはおいしそうなにおいと感じられるものであっても、近隣で毎日臭いをかがされる人にとっては我慢ならない悪臭となることがあります。飲食業者と近隣住民との間で、この種のトラブルは多いです。

2 臭気に関する法律

　匂いについて規定した法律に悪臭防止法があります。同法は、工場その他の事業場における事業活動に伴って発生する悪臭について必要な規制を行い、その他悪臭防止対策を推進することにより、生活環境を保全し、国民の健康の保護に資することを目的としています（同法１条）。

　排出規制の対象とされているのは、次の特定悪臭物質および臭気指数についてです。

　① 特定悪臭物質とは、不快なにおいの原因となり、生活環境を損なうおそれのある物質であって政令で指定するもの（現在22物質が指定されてい

ます）

②　臭気指数とは、人間の嗅覚によってにおいの程度を数値化したもの

特定悪臭物質における22物質とは、アンモニア、メチルメルカプタン、硫化水素、硫化メチル、二硫化メチル、トリメチルアミン、アセトアルデヒド、プロピオンアルデヒド、ノルマルブチルアルデヒド、イソブチルアルデヒド、ノルマルバレルアルデヒド、イソバレルアルデヒド、イソブタノール、酢酸エチル、メチルイソブチルケトン、トルエン、スチレン、キシレン、プロピオン酸、ノルマル酪酸、ノルマル吉草酸、イソ吉草酸を指します。

排出している臭気が、悪臭防止法の規制対象になっているかが重要となります。

３　臭気に関する裁判例

(1)　お菓子工場

菓子工場から発生される甘い匂いに対して、周辺住民が、工場の発した騒音および悪臭によって損害を受けたとして損害賠償を求めた裁判例があります（京都地裁平成22年9月15日判決・判時2100号109頁）。

同裁判例は、周辺住民との間で悪臭が損害賠償の対象（不法行為）になるための要件として、下記のような判断枠組みを用いて判断しました。

(ア)　判断枠組み

「本件工場の操業により一定程度の騒音及び臭気が発生したことが認められるが、本件工場の操業が、原告らとの関係において違法というためには、原告らに対する侵害が、社会通念上一般に受忍すべき程度を超えたものであることが必要である」、「上記受忍限度の判断の際には、侵害行為の態様及び程度、被害の内容及び程度、公法上の規制との関係、地域性並びに被害者の生活状況と侵害行為の関係等の事情を総合考慮すべきである」と判示しています。

　　（イ）　あてはめ

　前記（ア）の判断枠組みを用いたうえで同裁判例は、「音やにおいによる不快感は、短時間であればともかく、長期間にわたり、日中、継続的なものである場合には、かなりの苦痛となるものと認めるのが相当である。加えて……、本件における侵害行為は態様が悪質であり、原告らが長期間にわたり被害を訴え続けていたこと等に照らすと、本件工場の発した騒音及び臭気は、原告らの受忍限度を超えていたというべきである」。「よって、被告会社による本件工場の操業は、原告らに対する関係において違法であったといえる」と判示しています。

　このように、裁判では、臭気が社会通念上一般に受忍すべき限度を超えるような苦痛であるかが争点となります。

　　（2）　台湾料理店での臭気

　台湾料理店から発生する匂いに対して、管理組合の管理者が、建物の区分所有等に関する法律57条1項・3項に基づき、同室内を台湾料理店として使用させることの差止めを求めた裁判例もあります（東京地裁平成29年2月22日判決・判例集未登載）。

　同裁判例でも、裁判所は受忍限度を超えるような苦痛であるかを、事実を拾って認定しています。事業者側の対応の有無も要素として重視しているため、事業者側の対策の重要性がうかがえます。

　質問の焼鳥屋の臭気についても、その臭気の程度によっては、損害賠償の対象となる可能性があると言えます。

４　対応方法

　では具体的に事業者は、どのような対策を講じればよいのでしょうか。

　この点、環境省は、飲食店・食料品店の事業者の方向けに、「飲食業の方のための『臭気対策マニュアル』」をホームページで公開しています。同マニュアルには、飲食業における具体的な臭気対策の例などが記載されてお

り、事業者が講じるべき対策を確認することができます。したがって、事業者は、同マニュアルに定められた対策を講じることが可能かを検討すべきでしょう。

　残念ながら、臭気対策を講じていても訴訟になってしまうケースもあり得ます。しかし、前記3(1)・(2)の二つの裁判例のとおり、訴訟になった場合は、事業者側がどの程度の臭気対策を行っていたかが損害賠償が認められるか否かの重要な基準となっています。したがって、事業者側は、しっかりと可能な限りで臭気対策を行うことが肝要です。

5　最後に

　飲食業者にとっては、臭気対策マニュアルに基づいた臭気対策を行い、それを実績として証拠に残しておくことが、万が一トラブルになった場合に有利に働きます。また、対策を講じることによって周辺住民と良好な関係性を築くことは、飲食業の経営にもよい影響を与えます。

　まだ臭気対策に力を入れて取り組んでいない場合は、これを機会にぜひとも対策をご検討ください。

Q22　騒音をめぐる問題

　週に１～２回、生のジャズライブを行う店を営業しています。一応防音対策のための設備投資もしたのですが、下の階の店舗から騒音で営業妨害だと言われました。どのように対応したらよいのか教えてください。

▶ ▶ ▶ Point

① 騒音に対する法的規制を正しく理解してみましょう。

② 近隣と揉めないための対策を理解してください。

1　騒音に対する法的規制

(1)　騒音規制法

　騒音に関する法的規制として、騒音規制法があります。騒音規制法は、工場および事業場における事業活動並びに建設工事に伴って発生する相当範囲にわたる騒音について必要な規制を行うとともに、自動車騒音に係る許容限度を定めること等により、生活環境を保全し、国民の健康の保護に資することを目的とするものです。

　騒音規制法は、原則として生活上の騒音については、規制を及ぼしていないのですが、深夜営業の騒音などについては、例外的に同法28条で、地方公共団体が地域の実情に応じ必要な措置を講ずることとしており、都道府県、市町村および特別区が必要に応じて条例等による規制・指導を行っています。

99

(2)　東京都の条例

(ア)　深夜営業に関する騒音規制

たとえば東京都では、都民の健康と安全を確保する環境に関する条例（環境確保条例）132条によって、深夜の営業等が制限されています。

(a)　環境確保条例132条の規定内容

環境確保条例132条では、同条例別表第10に掲げる営業を営み、または同条例別表第11に掲げる作業を行う者は、規則で定める場合を除き、深夜においては、次に掲げる区域内において、同条例別表第12に掲げる規制基準を超える騒音をその事業所の敷地内において発生させてはならないとされています。

① 　都市計画法8条1項1号の規定により定められた第一種低層住居専用地域、第二種低層住居専用地域、第一種中高層住居専用地域、第二種中高層住居専用地域、第一種住居地域、第二種住居地域、準住居地域および田園住居地域（知事が指定する区域を除く）

② 　①に掲げる区域に隣接する区域で、当該区域において発生する騒音が当該区域に隣接する前号に掲げる区域の静穏を害するおそれのあるものとして知事が指定する区域

(b)　ジャズライブを行う飲食店に制限があるか

ジャズライブを行う飲食店は、環境確保条例132条の別表第10の1の「飲食店営業」に該当するため、同条の指定する区域内では別表第12に掲げる規制基準を超える騒音をその事業所の敷地内において発生させてはならないこととなります。

したがって、質問の飲食店が仮に東京都内にある場合でかつ深夜に音が出ている場合は、環境確保条例132条の規制に適合しているかを確認すべきです。

(イ)　規制基準の遵守

東京都の場合、環境確保条例136条によって、日常生活等の騒音に関して

も規制が存在します。

(a)　環境確保条例136条

何人も、68条1項、80条および129条〜135条までの規定に定めるもののほか、別表第13に掲げる規制基準（規制基準を定めていないものについては、人の健康または生活環境に障害を及ぼすおそれのない程度）を超えるばい煙、粉じん、有害ガス、汚水、騒音、振動または悪臭の発生をさせてはならないとされています。

(b)　ジャズライブを行う飲食店に制限があるか

深夜営業ではないケースであっても、環境確保条例136条によって、同条例別表13の規制基準を超える騒音を発生させることはできないとされています。

したがって、質問の飲食店が仮に東京都内にある場合は、環境確保条例136条の規制に適合しているかを確認すべきです。場所と時間帯によって出すことのできる音の大きさが異なりますので注意が必要です。

② 具体的な対処方法

(1)　地方公共団体の定める規制・指導に適合している対策を講じること

まず地方公共団体の定める規制・指導に適合している対策を講じることがポイントとなります。地方公共団体の定める規制・指導に適合している対策を講じていない場合であれば、直ちに規制・指導に即した対策を講じるべきです。まずはお住いの地域の地方公共団体の定める規制や指導をご確認ください。

(2)　対策を講じている場合

では、一定の対策を講じているにもかかわらず、苦情が来ている場合はどのようにすべきなのでしょうか。この点、飲食事業の経営にとって、近隣との関係は良好であることが望ましいですが、全く音を発することなく営業することができないことも事実です。そこで重要となるのが、訴訟となった場

合に違法とされる基準についての理解です。

　すなわち、騒音問題の場合は、不利益を訴える人がいたとしても、すべて違法として差止めや損害賠償請求が認められるわけではなく、Q21の臭気・排煙の問題のケースと同様に、一般生活上受忍すべき限度を超えているかどうかを判断し、その限度を超えた場合には違法とする「受忍限度論」に従って判断されることが多いです。

　騒音が受忍限度内と言えるかどうかの判断基準は、侵害行為の態様や程度、被害の内容や程度、公法上の規制との関係、地域性、被害者の生活状況と侵害行為の関係、土地利用の先後関係などです。

　違法であるかどうか、すなわち、受忍限度内であるかの判断は難しいですが、地方公共団体の定める規制・指導に適合している対策をしっかりと講じていることは、事業者側にかなり有利な要因となりますし、万が一トラブルになった場合も有利に働きます。

　したがって、事業者側は、まずは法律上の規制を満たしているかをしっかりと確認すべきです。それにもかかわらず、相手方から執拗に要請を受ける場合は、弁護士等の専門家に相談されることをおすすめいたします。

第4章

お客様に関する相談

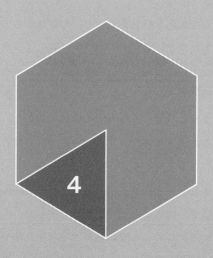

4

Q23 問合せとクレーマーへの対応

お客様の問合せや苦情（クレーム）に対応する際に、どのような点に
注意すべきか教えてください。また、問合せや苦情と問題のあるク
レームは何が違うのでしょうか。見分ける方法があれば教えてくださ
い。

▶▶▶ Point
① 問合せや苦情と問題のあるクレームとは別のものになります。
② 問題のあるクレームとそれ以外を見分けることは難しいですが、見分け
ることは可能です。
③ 苦情対応には三つの原則を守ることが必要です。
④ クレーマーへの対応は、「ノー」という明確な意思表示をすることです。

1 お客様対応の重要性

接客を中心とする飲食店を経営する中で、お客様からの問合せや苦情に対
応することは避けて通れない業務の一つです。特にインターネットの発達に
より、一般の方々が手軽に情報を発信できるようになった昨今では、お客様
からの問合せや苦情の対応を誤ると、これが悪評として拡散され、最悪の場
合、閉店に追い込まれる事態にもなりかねません。また、社会を大きく賑わ
せた食中毒事件や食品偽装事件などを経験し、一般消費者の食の安全に対す
る意識もひときわ高まっているところです。そのため、お客様からの問合せ
や苦情の件数も増加し、個々の飲食店経営者がその対応に労力をあてなけれ
ばならない割合も増加傾向にあると考えられます。

飲食店経営において、このようなお客様からの問合せや苦情に対する対応

は、今後、ますます重要度が増加するものと言えます。

2　いわゆるクレーマーの存在

　お客様からの問合せや、特に苦情の中には、いくら誠実に対応しても、理解してもらえず、その対応に非常に苦慮するケースが少なからずあります。いわゆる「クレーマー」と呼ばれるお客様からの問題のある問合せや苦情です。いったんクレーマーの標的にされると、その対応に不必要な時間と労力がとられるうえ、精神的にも相当な負担となって営業に多大な支障を来すこととなります。

　お客様からの問合せや苦情の対応は重要ですから、誠実に対応することが求められますが、いわゆるクレーマーによる問題のあるクレームについても、それと同じように対応していれば経営が成り立たなくなる危険があります。その点で、お客様からの問合せや苦情と、クレーマーによる問題のあるクレームとは別物であることを明確にしておく必要があります。

3　クレーマーとそれ以外の見分け方は難しい

　お客様からの問合せや苦情がすべて問題のあるクレーム、いわゆるクレーマーによるクレームというわけではありません。このことはすでにご理解いただけるかと思います。特に食に対する安心や安全に対する一般消費者、つまりお客様の意識が高まっていますので、料理を提供する側からすればあたり前と思われる内容の問合せを受けたりすることもあるかもしれません。また、お客様と飲食店側で食品や調理の知識に対する差もあるでしょうし、その飲食店や料理に対するお客様の先入観が強かった結果、こうあるべきだというお店に対する誤ったイメージなどに基づいた苦情の申立てを受けたりすることもあるでしょう。

　では、どうやって、クレーマーかそうでないかを区別したらよいのでしょうか。これは非常に難しい問題です。そこで、いわゆるクレーマーとはいっ

たいどういう特徴があるのかを分析してみましょう。

4　クレーマーの特徴

⑴　理不尽な要求

　たとえば店員の接客態度が悪いと主張し、「社長に自宅まで謝罪に来させろ」「店員の態度に苦痛を受けたから慰謝料100万円を払え」などといった極めて理不尽な要求です。飲食店が実際にその要望に応じることは難しいことを当然のごとく要求する行為は、典型的なクレーマーの特徴です。

　なお、よくある「誠意を見せろ」という要求は、言葉のうえでは具体的な要求がないので後記⑵の特徴にあたるよう思われますが、その多くは苦情とは不釣り合いな高額な金銭獲得を目的としており、ただ恐喝罪にならないように要求をぼやかしているにすぎません。その点で理不尽な要求に分類されます。

⑵　具体的な要求がない

　たとえば、先ほどの接客態度が悪いという苦情がきっかけとなっているものの、「謝罪の態度に誠意が感じられない」「窓口となった係員の態度も悪い」「○○飯店では対応がよかった」「回答が遅すぎる」など本題とは直接関係がない事柄について延々と言いがかりを付けたり、同じ話を繰り返して堂々巡りをし、結局、どういうことをしてもらいたいのかはっきりさせないと言うのもクレーマーの特徴です。

⑶　クレームすることが目的

　この手に多いのが、最初はいわゆるクレーマーによる問題のあるクレームとは思われなかったものの、対応を続けていく中でいわゆるクレーマーであることがわかるパターンです。最初はその苦情が中身のある正論であるように思われ、誠実に対応していたものの、そのうち、持論を展開し始めて「だからこの店はダメなんだ」などと言ってみたり、「なぜこんなサービスをするのか」などその店のシステムやメニュー構成などについて議論を吹きか

け、反論すればさらに意見を主張するなどの特徴があります。要するに飲食店にクレームを述べること自体が、その目的となっているケースです。そのほとんどは、相手（飲食店側）を言い負かすことで自尊心を満足させることを求めていますから、反論すればするほど輪をかけて議論を挑んできますし、かといって、下手に出れば自尊心を刺激されかさにきて、そもそも論などを言い出すなど、やっかいなことになります。

(4)　暴力団等

　暴力団対策法や各自治体の暴力団排除条例により最近は少なくなっていると言われていますが、暴力団組織など反社会的勢力による理不尽な要求もクレーマーに分類される特徴の一種です。

5　クレーマーの見分け方

　いわゆるクレーマーについては、前記4のとおり、大きく四つの特徴を分析しましたが、この特徴を見ると、理不尽な要求を突きつけるか、ただ苦情を言いたいだけの二つのタイプに分類することも可能です。そして、前者はその理不尽な要求に応じない限り納得するつもりがなく、後者は、そもそも納得する着地点が存在しません。そうすると、前者の場合はその理不尽な要求に応じれば納得するのかもしれませんが、そうでない以上、納得しないということであれば、前者も後者もいずれも最初から納得するつもりがないというのがクレーマーか否かを見分けるときの物差しになるかと思います。このお客様は最初から納得するつもりがないのかどうかという視点をもちながら対応すれば、クレーマーか否かの見分けは比較的早期につけることができるのではないでしょうか。

　もっとも、気をつけなければならないのは、最初から納得するつもりがないわけではなく、納得するつもりはあるものの、納得できない理由が別にあるだけというケースです。たとえば、具体的な要求がいつまでも出されないのは、お客様側から見て苦情の中身を飲食店側が正しく理解していないた

め、要求を提出する前提の段階で事実関係の認識の共通化に時間を要しているだけであるとか、十分な謝罪を受けていないとのお客様の認識が解消されないため、そこで堂々巡りが繰り返されているだけなど、飲食店側の対応にも問題があるケースもあるからです。飲食店側としてはきちんと対応したつもりかもしれませんが、第三者から見ればそれでは十分とはいえず、お客様の納得が得られないのも理解できないわけではないということもあります。クレーマーか否かの見分けは機械的にできるものではないということは十分理解しておく必要があります。

6　お客様からの苦情に対応する際の三つの原則

　お客様から苦情を受けた際には、①苦情となった原因を可能な限り正確に理解すること、そのうえで、②謝罪すべきところはきちんと謝罪すること、そして、③お客様の要望を確認することの三つです。この対応をきちんとすることでそのお客様は、問題のあるクレーマーなのかそうでないかもおのずとわかってくるはずです。

⑴　苦情の原因の理解

　お客様から苦情を受けたとき、何が問題となっているのか、何が苦情の原因なのかは、飲食店からすれば最も関心があることになります。ただ、この最初の段階で誤った理解をしたり、理解が不十分であったときは、その後になすべき謝罪の内容や程度を正しく判断できず、あるいは、お客様の要望が理不尽なものかどうかの判断を誤らせる可能性があります。そうなると、お客様の苦情が解消されず、必要以上に対応が長引いたり、あるいはトラブルがよりエスカレートしかねません。お客様の言い分をしっかり聞き、可能な限り正確な事実関係を把握する必要があります。できれば、お客様と飲食店側との間で争いがない事実関係と争いのある事実関係を整理し、双方で言い分が食い違っている点の認識を共通化しましょう。そのうえで、お客様の苦情の原因がどこにあるのかを正確に理解することが必要です。

(2)　謝罪すべきところは謝罪

　お客様の苦情の原因が正確に認識できれば、ほとんどの場合、その苦情がもっともなものであるのか、それとも、言いがかりにすぎないのかがはっきりするはずです。一見、言いがかりにすぎないと思われても、それが誤解に基づくものであれば、誤解を正す必要があり、それで解決することもあるかもしれません。しかし、言いがかりにすぎない場合の多くは、それが誤解であると説明しても理解を得られないことが多いでしょう。そのような場合、相手が間違っているから謝罪しないという対応も考えられるのですが、その対応がかえってクレーマー対応を長引かせ、深刻化させる可能性もあります。したがって、誤解があることは誤解として置いておくとしても、相手に不愉快な思いをさせたということに対する謝罪ということで、「すみません」と述べたうえで次の対応に進んだほうが、トータルとしてはその対応の手間を節約できるかもしれません。謝罪すべきところがあるのであれば、まずは謝罪するというのが、苦情対応の際の原則の一つと考えます。

(3)　要望の確認

　苦情の原因を把握し、謝罪すべきところは謝罪すれば、通常は、その解決に向けての提案とその承諾によって、この対応は終了するはずです。もちろん、お客様のご要望のすべてを言いなりで承諾する必要はなく、その苦情の原因や内容、程度に応じて適正と思われる範囲でその要望を了解し、了解できないところはなぜ了解できないのかを説明して納得してもらうことが必要です。飲食店側の対応が誠実で正当なものであれば、たいていの場合、お客様は納得されてクレーム処理は終息を迎えます。

7　クレーマー対応

　クレーマーは最初から納得するつもりがないことは先ほど説明しました。そのため、お客様からの苦情に対する前記6の三つの原則を行っても、クレームは終息することはありません。ではどうすべきかということですが、

クレーマーであることがわかった以上、はっきりと「ノー」ということに尽きます。

　通常であれば、事実関係を整理し、苦情の原因を把握したうえで、謝罪すべきところはきちんと謝罪したわけですから、正当なクレームを述べているお客様は基本的には理解を示し、最終的な要望の話し合いに進展するはずです。ところが、クレーマーの場合は、「謝罪が足らない」だの、「お前では役不足だ、上の者を出せ」などと言ってくるわけです。それに対して、毅然とした態度で、「お客様の苦情の理由は理解し、それに対し、きちんとした謝罪も申し上げました。これ以上、さらに謝罪を求められてもその必要はないと思いますのでお断りいたします」とはっきり告げることが大事です。また、「私共としては、お客様のお気持は理解し謝罪も申し上げましたので、それ以上のご要望を求められましても応じかねます」「もし金銭の支払いを求められるというのであれば、裁判でも起こしてください」などと言って理不尽な要求についてもきっちりと「ノー」の意思表示をしましょう。

　そして、それ以上の対応は必要がないと考える旨伝えたうえで、その後の対応要求についても「ノー」と伝えて、こちらから終結させれば十分です。多くはさらに連絡をとってくるなどすると思いますが、その後は、「すでにお伝えしたとおり、こちらとしてはこれ以上の対応させていただく義務はないと考えています。これ以上のご連絡はおやめください」とだけ、「ノー」という意思表示を繰り返すだけで構いません。それで、クレーマーに対する余計な労力や時間を極力カットしましょう。

Q24 キャンセルへの対応①──全体のキャンセル

> 　午後6時から一人5500円で20名の貸し切り予約がありました。ア
> ルバイト店員のシフトも組んで食材も購入し準備をしましたが、当日
> のお昼過ぎになって予約のキャンセルの連絡がありました。お客様に
> キャンセル料を請求できるのか教えてください。

▶▶▶ Point

① **ドタキャン問題は深刻な問題です。**

② **キャンセル料は損害賠償の額の予定という意味があります。**

③ **キャンセル料の取り決めをしておかなければキャンセル料を請求することはできません。**

1 いわゆる「ドタキャン」の問題

　「土壇場になってキャンセル」いわゆる「ドタキャン」の問題は、飲食店にとっては避けられないことです。また、この問題は昔から飲食店が抱える問題でもありました。相手がお客様ということですからあまり無理も言えず、また揉めることで、店を利用してもらえなくなるのではといった思いや、飲食店の風評など営業上の観点からも、ドタキャンに対する飲食店側の対応としてこれまでは泣き寝入りするケースがほとんどであったようです。ただ、かつては、地域に根差した飲食店も多く、飲食店そのものが地元の一員としての存在でもあったり、また古き良き日本の文化のような、日本人気質もあって悪質なドタキャンというのは少なかったり、あるいは、やむなくキャンセルしたとしても、お客様自身が悪いことをしたと思い、その後になるべくその飲食店を利用するといったお客様側からの配慮もあるなどありま

した。そのため、長い目で見ればその損害はトータルとしてはやむを得ない範囲のものとして飲食店としても我慢できるものであり、飲食店としても、ドタキャンに目くじらを立てなくてもよかったという点はありました。

　しかし、インターネットの発展による情報発信の広がりによって、飲食店そのものが広い客層をターゲットに集客を図り、また、お客様側もネット予約が簡単にできるようになった結果、古き良き時代の街の中華屋さんといったものとは異なり、現在は飲食店とお客様との関係性はどうしても希薄になってしまう傾向にあります。そのため、残念ながら、悪質なドタキャンも増え始め、それが社会問題として取り上げられるようになりました。そして、今日、ドタキャンに対する社会の認識は、「ドタキャンは飲食店に迷惑なもの」「ドタキャンする側が基本的に悪い」という傾向になっており、悪質なドタキャンに対しては、飲食店側がきちんとお客様に責任を求めるべきという風潮が確立しつつあります。

　ではドタキャンによって、飲食店はどのような損害を被るでしょうか。まず、用意していた食材、大人数の予約のために増員していた従業員がいずれも有効に使えず、かさんだ仕入れ代や人件費が無駄となります。そして、予約を確保しておく必要がある分、もしそれがなければ本来なら見込まれたほかの売上を得る機会を失ってしまいます。もちろんキャンセルによりリザーブ席はほかのお客様に開放されることにはなりますが、直前にキャンセルされたことで、必ずしも席が埋まるという保証はありません。もしキャンセルされたお客様のために、ほかのお客様からの予約を断っていたとすると、お店としても大きな損害を受けることになります。

　したがって、現在は、ドタキャンはお店としては深刻な問題として適切な対応をすることを考えておくべきです。

② **キャンセル料の法的意味**

　飲食店で予約をするということは、お客様が、料理の提供と飲食するため

に必要なサービスを受けることに対して代金を支払うことをあらかじめ申し込み、お店がこれに承諾するという契約ということになります。飲食店側がお客様からの予約を受入れた時点で、この契約は成立します。したがって、キャンセルは、この契約をいわば破棄することを意味します。法的には解約の申込みあるいは契約の解除ということになるでしょう。解約申込みと考えた場合、飲食店側がこれを拒否することは想定しがたく事実上キャンセルを受け入れるほかありません。

　ところが、お客様側が一方的な都合でキャンセルした場合、お店側には契約を破棄されなければならない落ち度はないでしょうから、法的には、お客様には、そのキャンセルによって生じたお店側の損害を賠償する責任を負うことになります。キャンセル料の規定がないから、キャンセルしてもお金を支払わなくてもよいのではないかという意見を時々耳にすることがありますが、キャンセル料の規定がなくても、法的にはキャンセルによる飲食店の損害をお客様が負担しなければならないケースはあります。

　では、キャンセル料とは何かですが、これは、法的には損害賠償の額の予定とか違約金と言われています（民法420条）。キャンセルによって飲食店には損害が発生することは通常ですが、では実際にどれくらいの損害が生じたのか、損害額を算定することは難しい作業です。たとえば、予約がキャンセルされて仕入れた食材がその日に使えず無駄になったとしても、翌日に使える食材もあります。また、貸し切り予約がキャンセルされた予約当日に思いのほか別のお客様が入り、思いのほか売上が上がったということもあるでしょう。つまり、キャンセルされた分が、直ちに損害になると言えず、キャンセルにより、飲食店側が被った損害額は単純には計算できません。

　キャンセルによって、お客様に損害賠償を求める場合、飲食店がその損害額を証明しないといけないのですが、キャンセルのたびにお客様に対し、損害額を証明する資料を提供したり、その算定をするのは手間のかかる面倒な作業ということになります。そこで、あらかじめ予約をキャンセルした場

合、お客様側のペナルティとしての負担費用の金額を定型的に決めておき、いちいち損害額の算定などといった面倒な作業を省略するのが、「キャンセル料」というシステムです。「予約をキャンセルした場合、その予約日の1週間以降、4日前までは一人あたり1000円、3日前から前日までは2000円、当日は3000円をキャンセル料として負担してもらいます」などとして、キャンセル料が発生する条件、キャンセル料の額などを明確な基準で規定しておくわけです。キャンセル料の規定は実際に発生した損害額にかかわらず、このようにあらかじめキャンセルによるお客様の負担額を決めていますので、損害賠償の額の予定とされるわけです。

　ただし、不当に高額なキャンセル料は、無効になります。キャンセル料はあくまで損害賠償額の予定という意味になりますから、キャンセルがあった場合に飲食店側に発生する平均的な損害の額をキャンセル料としてお客様が負担すべきであって、到底発生しようがない額までキャンセル料として請求できるわけではないからです（消費者契約法9条1号）。

3 キャンセル料を請求するために必要なこと

　キャンセル料は、本来、飲食店がお客様に対し、損害賠償として請求する損害額をあらかじめ予定し、損害額の証明などの面倒な手続をせずにキャンセル手続を処理するシステムということができます。つまり、飲食店とお客様との間の契約（合意）に基づいて設定されるものです。したがって、飲食店がお客様との間で予約を受け付ける際に、キャンセル料に関する取決めの合意もしておく必要があります。もしキャンセル料に関する合意をしていなければ、先ほども述べたように、飲食店がキャンセルによって生じた損害を証明するなどして損害賠償請求をするしかなく、いわゆる「キャンセル料」の支払いを請求することはできません。

　質問では、大人数の貸し切り予約が入っており、その準備も整えていたのに当日の午後にキャンセルになったということですから飲食店としては大き

な損害を被ったことは容易に想像できます。しかし、いくら大きな損害の発生が明らかであるからといっても、キャンセル料に関する取決めを合意していなければ、お客様に「キャンセル料」として金員の支払いを求めることはできません。この場合、お客様によるキャンセルによって、損害が発生したこと、その損害額がいくらになるのかということを逐一証明して、実際に生じた損害の賠償を求めるしかありません。そして、この場合、一人あたり5500円の予約ということですが、たとえば飲み放題分としての飲み物代がその料金に含まれているとすると、飲み物代に相当する部分は損害といえるのかどうかという問題や、貸し切りを取りやめて通常営業して売上が上がった分の人件費はどう損害額に影響するのかといった非常に難しい問題があります。このような手間を考えれば、やはりキャンセル料の規定をきちんと設定し、予約の際に告知しておくべきでしょう。

Q25　キャンセルへの対応②——一部のキャンセル

> Q24の貸し切り予約のケースで、予約20名の内５名のみがキャンセルとなったときはどのような対応が可能か教えてください。

▶ ▶ ▶ Point

① 人数変更の一部のキャンセルでも基本的な対応は同じです。

② 貸し切り予約における大幅な人数変更の一部のキャンセルは、予約そのもののキャンセルと扱うこともできるほか、キャンセル料の処理と並行してあらためて予約を受け付ける取扱いも考えることができます。

1　一部キャンセルの場合

　質問のように、事前の予約内容のうち、一部のみのキャンセルがあった場合も、キャンセル料が請求できるかどうかはQ24と同じです。一部のキャンセルがあった場合のキャンセル料をどのように設定するのかを取り決めていれば、その規定に基づいてキャンセル料を請求することになりますが、その取決めをしていなければ、現実の損害にあたる部分を飲食店側が証明して請求するということになります。ただし、予約20名の内５名のみのキャンセルですから、貸し切りを解消するわけにもいかないかと思われます。そうすると、この質問の場合は、貸し切り部分の費用を損害額の算定でどう評価するのかというさらなる問題も加わることとなります。

2　大幅な人数変更が出た場合

　質問では予約20名の内５名のみのキャンセルでしたが、これがたとえば10名のキャンセルの場合、15名のキャンセルの場合はどうでしょうか。飲食店

側としては、人数が半分、あるいは半分以下となったような大幅な人数の変更があれば、貸し切りを解消し、空いている席に別のお客様を入れて売上を上げたいと考えるのではないでしょうか。しかし、そのようなことは可能でしょうか。あらかじめキャンセル料の取決めの中で予約人数の変更が生じた場合のキャンセル料の取扱いや、貸し切り予約が解消されるようなキャンセルはどのようなケースかについての取決めまでされていれば、それに従うことになります。

　しかし、そのような規定がない場合は、貸し切りの解消まではできないと考えることもできるかもしれません。他方で、そのような場合、飲食店側としては、貸し切りを解消し、ほかのお客様も入れたいと考えるでしょう。特に、一人あたりの単価に貸し切り分の費用を反映させていなかったような場合はなおさらでしょう。いろいろな考え方はあるかもしれませんが、このような場合、予約の変更という扱いをするのではなく、予約全体がキャンセルされたものと考えるのが、飲食店にしても、お客様にしても常識的な判断ともいえます。特に予約人数20名に対し、15名ものキャンセルがあったときはなおさらですし、そうでなくても、お店側が貸し切りを可とする人数を下回るような貸し切り予約の人数変更は、そもそも予約のキャンセルとみなしてもよいと考えます。そして、変更後の予約はあらためて新しい予約の申込みがあったものと考えるのが実態にあった解釈かと考えます。

　飲食店側としては、貸し切りを維持しがたいような人数変更の一部キャンセルがあったときは、予約そのものがキャンセルされたものであり、あらためて予約した扱いになることを丁寧に説明したうえで、元々の予約がキャンセル扱いになることについて、別途対応すればよいかと考えます。

Q26　キャンセルへの対応③——事前の対策

> 　4名程度のご予約のお客様が連絡もなく来店しないケースが何度も
> あります。ほかのご予約を断るケースもあり困っているのですが、何
> かよい対策があれば教えてください。

▶ ▶ ▶ Point

① **無断キャンセル（ノーショー）の完全防止は不可能ですが、取るべき対策はあります。**

② **キャンセル料の取決めと告知、事前の予約確認手続などをしてください。**

③ **キャンセル料を回収するための方法として、デポジットやクレジットカード登録があります。**

1　悪質なキャンセル

　インターネットでいつでもどこでも予約が完了するという手軽さや飲食店とお客様の関係性が希薄なことなども影響し、予約だけしておいて、結局、事前に連絡もせず、お店に現れないという無断キャンセルが増えています。「ノーショー」と呼ばれる無断キャンセルは飲食店に与える損害が甚大で、極めて悪質といえます。もし仮に最初から予約しても飲食するつもりがなかったような場合には、単に損害賠償の請求という民事上の問題にとどまらず、刑事上の問題として業務妨害罪（刑法233条）にも該当するもので、実際に、過去にはそれで逮捕されたケースもあります。

　では、このような悪質なキャンセルに対して、どのような対策をとればよいでしょうか。結論から先に申し上げると、残念ながらこれを完全に防止す

るのは現実的には不可能です。しかし、無断キャンセルによる損害を可能な限り防ぐ対策というものはあります。

2 無断キャンセル（ノーショー）対策

(1) 取決め

まずは、予約時にキャンセル料の取決めをしておくことがその対策の前提として必要です。キャンセル料をあらかじめ合意しておくことで、キャンセルした場合のペナルティーをお客様に意識づけることとなり、無断キャンセルの防止に一定の心理的な効果があるものと思われます。しかし、平気で無断キャンセルするようなお客様の場合、そのような意識づけだけでは十分な効果は期待できないところです。

「でも、キャンセル料の取決めをしているんだから、ノーショーであっても、キャンセル料を支払ってもらえば損はないんじゃないか」。そう考える方もいるかもしれません。確かにキャンセル料の支払いをしてもらえば、それが無断キャンセルであっても事前に連絡があったキャンセルであっても変わりはないので、飲食店側が目くじらを立てる必要はないともいえます。しかし、お客様が素直にキャンセル料を支払ってくれるとは限りません。そのような場合、いくらキャンセル料の取決めがあるとはいえ、キャンセル料の支払いを受けることは容易なことではありません。支払ってもらえず、連絡も取れなくなったお客様に対し、どのように請求を続けるのか、さらには、どのように回収するのかという問題が生じます。場合によればキャンセル料の取決めが絵に描いた餅にならないようにするため、裁判まで起こさなければならないことも十分あり得ます。したがって、キャンセル料の取決めはしたものの、支払ってくれないお客様に対しては、さらにコストをかけてキャンセル料の請求をするのかどうか、別途検討する必要があります。そして、このようなケースの場合、結局請求しないという選択肢も残念ながら十分あり得ます。不本意ながら泣き寝入りということも飲食店の営業全体の利益か

らすればやむを得ないところがあるからです。

　(2)　リマインド

　では、そもそも無断キャンセルを防止する対策はあるのでしょうか。いくつかの方法が考えられます。一つは、予約日が近づくと事前に聞いていた携帯電話番号やメールアドレス先に予約日が迫っていることを告げるメールを送信するなどして、リマインドの手続をすることです。そして、その際にキャンセル料の通知もすれば、心理的に無断キャンセルしにくくなるという効果はあるかと思います。さらに、一方的にメールで通知するだけではなく、直接電話連絡して、予約の確認をすれば、心理的な効果はより期待できます。

　以上に加えて、無断キャンセルするようなお客様は、その事前連絡でも連絡が取れないような誠実性を欠くことが多いと考えれば、そのようなリマインドの手続をとるだけではなく、事前の予約確認でお客様と連絡が取れなくなったときは、あらかじめ予約そのものが無効になるといった取決めもしておくことで、無断キャンセルによる損害発生を未然に防ぐことも可能になると思われます。ただし、この場合、お客様側がうっかり連絡を受けられなかっただけというような場合もあります。このような場合も自動的に予約を無効にすることになれば潜在的な売上の機会をみすみす逃してしまうことになりかねません。また、事前確認の際に連絡が取れたとしても、結局、無断でキャンセルされることはありますので、この方法でも無断キャンセルを完全に防止できるというわけではありません。結局、無断キャンセルを完全に防止することは非常に困難であるといえます。

　(3)　デポジット

　だとしますと、今度は、無断キャンセルされても、確実にキャンセル料を回収する方法を次に考えることとなります。その方法の一つが、予約時にデポジットをもらうというやり方です。デポジットの支払いがあって初めて予約が完了するということにすれば、無断キャンセルしにくくなるとともに、

無断キャンセルされても、少なくともデポジットの金額分の回収は確実にできるということとなります。ただデポジットの制度をとることでお客様がその飲食店の利用を敬遠するのではないかという心配があります。デポジットも支払えないようなお客様は飲食店にとって本当に優良なお客様なのかという考え方もありますが、実際にはその敬遠されるという傾向を無視することもできないように思います。また、デポジットの受け渡しをどうするのかという問題もあります。振込みにしろ、手渡しにしろ、お客様には面倒な手続をお願いすることになります。そうなるとますます敬遠される傾向が強くなりかねません。そうすると、たとえば貸し切りなどの大きな予約の場合のみ、デポジットをとるという工夫も必要かもしれません。

⑷　**クレジットカードの登録**

　さらに最近、これとよく似た対策として、クレジットカードの登録を予約の条件とする方法がとられることがあります。この方法は、お客様がキャンセルしたとき、予約の際に登録されたクレジットカードからキャンセル料が支払われるというものです。この方法だとデポジットを支払うという面倒なことを回避することができ、かつ、キャンセル料を確実に回収することができるともいえます。しかし、この方法で問題なのは、インターネットを通じて予約することができるシステムを用意しているお店にしか採用できないという点です。最近は飲食店もホームページを構えるなどしてネット予約を可能していることが多いので導入しやすい方法ではありますが、それでもそういった予約システムをとっていない飲食店では導入が難しい方法です。また、すべてのお客様がそのような予約操作をできるというわけでもありませんし、やはり面倒に思う方もいるでしょう。

③　最後に

　このように無断キャンセルを100％防止する方法はありません。また、無断キャンセルがあったときに、すべての飲食店がキャンセル料を確実に回収

できるような事前対策というものもありません。

　しかし、あらかじめキャンセル料の取決めをしておくこと、キャンセル料の取決めをお客様にわかるように告知すること、事前の予約確認の手続をとること、場合によれば予約無効の制度を取り入れること、また、予約時にデポジットの徴収やクレジットカードの登録をすることを予約成立の条件とすることなどは、可能な限り無断キャンセルを防止し、あるいは無断キャンセルがなされたときの損害を最小限に食い止める対策ということになります。

Q27　料理に対するクレームへの対応

　お客様から料理がまずいので代金は支払わないと言われました。ど
のように対応をすべきか教えてください。また、注文どおりに料理を
提供しましたが、期待していたものとは違う（評判、メニューの写真、
ネット上の写真との比較で）と言われたときはどうすればよいのか、あ
わせて教えてください。

▶ ▶ ▶ Point
① 調理のミスかクレーマーかの判断が必要となります。
② 写真などと違うと言われたときは真摯に対応してください。

1　調理のミスか、クレーマーか

　グルメ漫画などでは、時々登場人物であるお客様が出された料理を飲食店
側にまずいと訴えるシーンが出てきます。しかし、実際にはそのようなこと
を面と向かって飲食店側に告げるというケースはあまりないかと思います。
せいぜい、友達に「その店はおいしくなかった」と話したり、口コミサイト
に投稿したりする程度でしょう。

　ただ、実際に料理がまずいとその場で言われれば、飲食店側としては困惑
するでしょう。本当においしくなかったというのであれば、すべてを食べず
に残しているでしょうから、提供した料理を試食してみて、調理にミスがな
いか、材料に問題がないかを確認し、料理に問題があれば、作り直して提供
するなど真摯に対応することが求められます。もちろん失敗した料理を提供
したことについては何らかの手当（飲食代を無料にするとか、デザートをサー
ビスするなど）をしておきましょう。

　問題は、単なる言いがかりの場合です。この場合はいわゆるクレーマーとしての対応が必要となります。特に同じように残った料理を試食して問題がないということであれば、クレーマーの可能性が高いと考えるべきです。

2　クレーマーとしての対応

　もし、お客様がクレーマーの可能性があると思われたときは、まず、試食してみて調理を誤ったり材料にも問題がないと認識していることを伝えたうえ、どこに問題があるのかを具体的に説明してもらうようにしましょう（なお、謝罪すべき点があれば謝罪をすることはQ23等で述べたとおりです）。そして、お客様が具体的な料理の問題を説明できないようであればクレーマーと認識し、次に要求が何なのかを尋ねましょう。その際に不当な要求が出されたときは（慰謝料10万円など）、毅然とお断りしましょう。そして、飲食店側で了解できる範囲の提案を出して交渉を始めましょう。たとえば、まずいと言われた料理以外の飲食代金をもらうなどでもよいですし、それで納得しないときは、半額の請求とか、場合によれば、お代は結構ですと告げてお引き取りいただくなどです。要求を尋ねて具体的に回答しないときも同様でよいでしょう。それでも納得しないというときは、連絡先などを聞いて後日連絡すると告げ、お引き取りいただきましょう。なお、それでも居座るとなると不退去罪（刑法130条）や業務妨害罪（同法234条）にも該当するので警察に通報することとなります。

3　期待したものとは違うと言われた場合

　この場合も先ほどのケースと基本的には同じです。ただ、聞いていた評判と違うと言われる場合は、主観的なもので それが単なる苦情なのか、それともクレーマーなのかは判断しにくいかと思います。他方、メニューの写真やインターネット上に掲載された写真と出されたものが違うという苦情は、かなりのレベルで客観的な判断が可能かと思われます。実際に写真と異なるも

のを出していた場合、注文料理と異なるものを提供したということになりますから、それは一種の飲食店側の債務不履行ということとなり、料理を作り直すなどして対応する必要があります。

Q28 サービスに対するクレームへの対応①——店員の態度

　お客様から店員の態度が悪いと言われた場合、どのように対応すべきか教えてください。

▶▶▶ Point

① 店員の接客態度に対するクレームは、店員側に問題があるケースもありますので、日頃の接客指導が重要です。

② 店員の接客態度に対するクレームには真摯に対応することで沈静化することが多いです。

③ クレーマーと判断できるときは、毅然とした対応をしてください。

1 店員の接客指導

　店員の接客態度に対する苦情、クレームは、飲食店における比較的多いクレームではないかと思われます。そして、いわゆる因縁を付けてお金にしようとするクレームのケースは少なく、そのほとんどは、ささいなことであったにもかかわらず思いのほかお客様の気に障りクレームに発展したものです。また、中には確かに接客態度がいかがなものかと思われるケースも残念ながらあります。

　飲食店を利用するお客様は、単にお料理の提供を受けるだけではなく、その飲食店で快適に食事を楽しむことができるサービスの提供を求めており、それに対する代金を支払うことになります。つまり、店員の接客態度が悪いということは、その契約上の債務を飲食店側がきちんと履行していないということになりかねません。そのような場合は、損害賠償の対象になる可能性

もあります。

　したがって、飲食店側もそのクレームを真摯に受け取り、誠実に対応すべきですし、また日頃から、店員の接客についてはきちんとした指導をしておく必要があります。

2　対応の方法

　接客態度に対するクレームの場合も、ほかのクレームの対応と同様、店員のどのような点に問題があったのかを尋ねて、お客様の訴えに一応の理由があるのであればまずは謝罪をすることが必要です。真摯に謝罪すればほとんどのクレームはこの時点で処理が終わります。もちろん、お客様から受けた指摘については、内部で検討し、店員の落ち度があればきちんと指導したうえ、ほかの店員にも共有させるなどして指導をしていくことも重要です。

　しかし、それでは納得できないというお客様も少なからずおられます。せっかくの食事の機会を台無しにされたと思うお客様がいてもおかしくはないので、これを直ちにクレーマーと言うべきではなく、一定の理解はする必要があります。ただ、このような場合も、お詫びの印として、たとえばドリンクやデザートをサービスするなどすればある程度は納得されると思います。

3　クレーマーとしての対応

　他方で、問題なのは、店員自身もなぜ苦情をいわれるのかわからず、店員の問題を尋ねてもお客様からもはっきりとした説明がない場合や真摯に謝罪し、前記2のようにお詫びのサービスまでしても、なおもクレームを続けるお客様の場合です。この段階からはいわゆるクレーマーである可能性があります。さらに、「どうしてくれるのか」「誠意を見せろ」などと言い出したり、お詫びの印としてたとえばジュースをサービスすると、「これで終わりにするつもりか」などと言い出したりすれば、クレーマーとしての対応に切

り替える必要があります。

　この場合、飲食店側として譲歩できる範囲で、解決の提案をして交渉することとなります。たとえば飲食代金の減額などを申し出たりすることも考えられます。また、店内にはほかのお客様もおられますので、ほかのお客様に迷惑をおかけするわけにはいきません。ですから、お客様とのやりとりがほかのお客様の迷惑になるようであれば、飲食代金を無償にしてお引き取りいただくという選択も経営者としてはあろうかと思います。しかし、さらに金銭要求にまで発展したときは、明らかにクレーマーと考えるべきですので、後日、交渉することにして、その場はお引き取りいだくべきでしょう。

　しかし、これだけでは収まらず、また後日もクレーム対応が長引いたり、金銭要求を続けるということになれば、最終的には弁護士に依頼するなどして、対応することとなります。さらに場合によれば、恐喝として警察に被害届けを提出したり、告訴するということも考えられます。

Q29 サービスに対するクレームへの対応②——店員のミス

店員が誤って料理をこぼしたため、お客様の服を汚してしまいました。どのように対応すべきか教えてください。また、やけどなどのケガも負わせてしまったときはどうすればよいでしょうか。事前に備えておく方法があれば教えてください。

▶ ▶ ▶ Point

① 高額の賠償責任を負うことがあるので注意してください。

② 事故発生時の初期対応が重要です。

③ 保険に加入することで事故発生に備えることもできます。

1 飲食店の責任の所在

　従業員である店員が誤ってお客様の服を汚してしまったり、また、熱湯の入った鍋を落としてお客様にやけどを負わせてしまうという事故はあってはならないことですが、やむを得ず起こることは避けられません。

　飲食店は、お料理と飲食するために必要なサービスをお客様に提供し、お客様はこれに対して代金を支払うことになります。しかし、飲食店は単にお料理とこれを食事する空間と時間をお客様に提供するだけでよいというものではありません。お客様が支払う代金には、快適に食事をする機会を与えられることに対する対価としての要素も含まれていると考えるべきです。したがって、飲食店にはお客様が支払う代金にふさわしい快適な時間を与えるサービスを提供する義務がありますので、お客様に損害を与えるようなことをすれば、当然にその義務に違反したということになります。このような飲

食店側の義務は「安全配慮義務」などと一般に言われています。質問のケースではこの安全配慮義務に違反したものとして、お客様に与えた損害を賠償する義務が生じます。

　また、お客様の服を汚したり、やけどをさせたりしたのは、飲食店の店長など経営者ではなく従業員である店員ではありますが、店員による行為については、店員を雇用している飲食店が責任を負担することになりますので（民法715条等）、当然、飲食店はお客様に対して直接その賠償責任を負うこととなります。

② お客様の損害の内容と飲食店の賠償範囲

(1) お客様の服に損害を与えた場合

　店員のミスでお客様の服が汚れたという程度であれば、その損害はたとえばクリーニング代相当ということになる場合が多いように思われます。しかし、その汚れがひどく、クリーニングしても落ちないとか、服が汚れただけではなく穴が空いたりしてもはや使えなくなったということになれば、同じもの、あるいは同程度のものへの買換に要する費用が損害ということになります。なお、飲食店における質問のような事故の場合の損害賠償は金銭賠償が原則となります（民法417条・722条）。したがって、お客様から同じものを用意してほしいというご要望があった場合でも、基本的には金銭での賠償をすれば足ります。もっとも、お客様との関係もありますし、同じものを用意することが容易であるということであれば、そのご要望に応じても構いません。ただ、用意したものが同じものではないなどという新たなトラブルも生じかねないことからすれば、基本的にはご要望には応じられないことを説明して、金銭で賠償することが無難かと思われます。一方、頑として同じものを要求するなど、無理な要求を続けるようであれば、クレーマーとして対応することも必要になるケースがありますが、お店側の一方的なミスで迷惑を被ったということでお客様の被害意識は当然に強いと考えるべきですから、

新刊のご案内

2021年8月

（2021年6月～2021年8月分）

民事法研究会

http://www.minjiho.com/

※書籍の価格はすべて10%税込の表示となっております。
※ご注文は、最寄りの書店へご注文いただくか、または弊社へ直接
ファクシミリにてご注文ください。

8月刊

親族外事業承継と株主間契約の税務

A5判・313頁・定価 3,080円（本体 2,800円＋税10%）

後藤孝典　編著
牧口晴一・島田幸三・阿部幸宣・深山　暁・李　永壽・酒井　修・親泊伸明　著

葬儀・墓地のトラブル相談Q＆A［第2版］

A5判・331頁・定価 3,190円（本体 2,900円＋税10%）

永壽・酒井　修・親泊伸明　著

知的財産紛争の最前線　No.7 ─裁判所との意見交換・最新論説─

B5判・98頁・定価 3,520円（本体 3,200円＋税10%）

長谷川正浩・石川美明・村千鶴子　編

Law & Technology編集部　編

債権配当の実務と書式［第3版］

A5判・466頁・定価 5,060円（本体 4,600円＋税10%）

近藤　基　著

SNSをめぐるトラブルと労務管理［第2版］

アンケートご協力のお願い

QRコードもしくはFAXにてご回答ください。

FAX 03-5798-7258

購入した書籍名	飲食店経営のトラブル相談Q&A

● 弊社のホームページをご覧になったことはありますか。

・よく見る　　・ときどき見る　　・ほとんど見ない　　・見たことがない

● 本書をどのようにご購入されましたか。

・書店 (書店名　　　　　　　　　)　　　・直接弊社から

・Amazon　　　　　　　　　　　　　　・ネット書店 (書店名　　　　)

・贈呈　　　　　　　　　　　　　　　・その他 (　　　　　　　　　)

● 本書の満足度をお聞かせください。

(・非常に良い　・良い　・やや良い　・普通　・やや悪い　・悪い　・非常に悪い)

● 上記のように評価された理由をご自由にお書きください。

● 本書を友人・知人に薦める可能性がどのくらいありますか？

(　　　　　　　　　・薦めたい　　・普通　　・薦めない)

●本書に対するご意見や、出版してほしい企画等をお聞かせください。

■ご協力ありがとうございました。

住　所（〒　　　　　）　　　　　　　　　　　　　　　　　　　　　　　内

フリガナ
氏　名　　　　　　　　　　　　　　　　　　　　　　　TEL.（　　　）
（担当者名）　　　　　　　　　　　　　　　　　　　　　FAX.（　　　）

お得な情報が満載のメルマガ（新刊案内）をご希望の方はこちらに記入、もしくは表面のQRコードにアクセスしてください。

Email：　　　　　　　　　　　　　　　　　　　　　　　（メルマガ希望の方のみ）

注文申込書

ご注文はFAXまたはホームページにて受付けております

FAX 03-5798-7258
http://www.minjiho.com

お申込日　令和　　年　　月　　日

書籍名　　　　　　　　　　　　　　　　　　　　　　　　　　　冊

市民と法【年間購読】　年6回刊・定価 9,600円（本体 8,727円＋税10％・送料込）　　号から申込み

個人情報の取扱い　ご記入いただいた個人情報は、お申込書籍等の送付および書籍等のご案内のみに利用いたします。

反社会的勢力対応の手引〔第2版〕
Ａ５判・198頁・定価 2,420円(本体 2,200円＋税10％)　反社リスク対策研究会　編

争点整理の手法と実践
Ａ５判上製・431頁・定価 5,280円(本体 4,800円＋税10％)　森　宏司・中本敏嗣・小野憲一・森　純子　編

6月刊
保健師助産師看護師法─逐条解説と判例・通達─
Ａ５判・304頁・定価 4,180円(本体 3,800円＋税10％)　平沼直人　著

エンターテインメント法務Ｑ＆Ａ〔第3版〕
Ａ５判・416頁・定価 4,730円(本体 4,300円＋税10％)　エンターテインメント・ロイヤーズ・ネットワーク　編

少々無理なご要望をされたからといって直ちにクレーマーと判断するのではなく、慎重に見極めることが必要です。

(2)　お客様にケガをさせた場合

ではやけどなどのケガを負わせた場合はどうでしょうか。

この場合は、ケガの治療費はもちろん、薬代、通院に係る交通費などは実費としてお客様の損害となり、当然に飲食店側の賠償義務の範囲になります。また、それだけではなく、ケガの影響で仕事を休まざるを得なかったような場合は、休業損害が発生します。さらにケガを負ったことによる精神的苦痛についても損害賠償の範囲に含まれます（民法710条）。これは慰謝料と言えばわかりやすいかと思います。慰謝料は、ケガの治療のために通院を余儀なくされたことなどに対する精神的苦痛を対象とするものですが、さらに、ケガによって後遺障害が残存したようなときは、それとは別に、後遺障害の程度に応じた慰謝料も別途加算されて損害賠償の範囲になります。また、後遺障害が残存し、それによってお客様の労働能力が低下した結果、ケガによって本来得られた将来的な収入を失ったと認められたときは、そのお客様の逸失利益も損害賠償の範囲となります。したがって、お客様にケガをさせたときは、その賠償額が数百万円、場合によれば1000万円を超えるような高額になる可能性もあります。

③　対応方法

(1)　お客様の服に損害を与えた場合

まずはお客様に対し、きちんと謝罪することが肝心です。そのうえで、お客様と真摯に話し合い、お客様のご要望などもうかがいながら、損害賠償の範囲、方法、時期などを確認しましょう。服が汚れた程度であれば、その場でクリーニング代をお渡ししてすむこともありますが、そうであっても、後々のトラブルを避けるため、お客様とのやりとりは複数で対応し、その内容はメモに残すほか、できれば汚れた服を写真撮影をしておくなどして証拠

を保全しておくことができればよいでしょう。もっとも、写真を撮るということでかえってお客様が気分を害されたりすることも考えられますので、そのあたりは臨機応変に対応しなければなりません。そこで、こういったケースに備え、簡単な事故報告のフォーマットを用意しておき、報告書を作成するとともに店の決まり事として、写真撮影をすることになっているというようにすればスムーズにやりとりができます。また、きちんとした事故対応をする飲食店であるとお客様に伝わることで、後々、変な言いがかりを付けられることを予防することにもつながります。なお、後々のことを考えて、お客様のお名前や住所、連絡先などの基本的な情報も聴取しておくべきですが、先ほどの報告書に記載欄を設けておけば比較的抵抗なく聴取することができると思われます。

(2)　お客様にケガをさせた場合

　事故でケガをさせた場合は、謝罪とともに、まずはケガの手当や対応を最優先することとなります。少なくとも応急手当ができる程度の薬や包帯などは備えておき、それで対応することになります。しかし、応急手当では間に合わないようなケガの場合は、直ちに病院にお連れするか、場合によれば救急車の出動要請もすることになるでしょう。いずれにしても、初期対応はきちんと、行っておくことが必要です。その後、お客様の治療が終わるまで、お客様対応は続きますので、病院等に搬送されたときは、飲食店の責任者なども病院に臨場し、その日の顚末を見届けるとともに、お客様が落ち着かれた時を見計らって、後日の対応のために必要な情報を聴取しておく必要があります。そして、お客様の治療が終了した時点で、先ほど説明しました損害項目について、賠償額の確認などをすることになります。また、ケガされた場合は、その賠償額が高額になりますので、賠償内容が確定したときは示談書などの書面を作成しておくことが必要です。

4　事前の備え

　お客様の服を汚した程度ですめばその後大きな問題に発展する可能も低く、賠償額もさほど高額ではありませんが、ケガをさせた場合には、賠償額は高額となります。そのような場合に備えて、施設賠償責任保険に加入することをおすすめします。これは店舗の火災保険の特約としても加入することができる場合もあります。この保険は、質問のように店員のミスでお客様の物を壊したり、ケガをさせたりしたときに賠償金が保険金で支払われるものですので、万が一に備えて加入し、高額の賠償金の支払いで店舗経営が傾くということがないようにしておけばよいでしょう。

Q30 サービスに対するクレームへの対応③——お通し

　和風居酒屋をやっており、外国人のお客様もお越しになるのです
が、先日、外国人のお客様からお通しは無料だと思っていたので料金
は支払わないと言われました。どう対応することができるか教えてく
ださい。また、お通しを提供するうえで注意すべき点があればあわせ
て教えてください。

▶ ▶ ▶ Point

① **お通しの代金を支払ってもらえない場合があるので注意してください。**

② **お通しは有料であることを告知し、注文を受ける必要があります。**

③ **お通しの魅力を上手に説明し、注文を受ける工夫をして売上を上げま
しょう。**

1 お通し

　居酒屋などに行けば、頼んだビールとともに、頼んでいない小鉢に入った
お惣菜、つまりお通しが出されることが多いですね。関西では「突き出し」
と呼ぶもので、伝票を見ると数百円の代金が加算されています。お通しや突
き出しは、懐石料理に由来する先付けから来たとも言われており、いずれに
しても日本の風習の一つと言えるかと思います。しかし、頼んでもいないの
に提供されることや、場合によれば嫌いな物を出されて結局食べられないの
に料金だけとられるということに納得できないお客様はいるものです。まし
て、そのような風習がない外国人からすればなおさらというところがあるで
しょう。

　では、お客様から注文がない料理を提供して代金をいただくことは認めら

れるのでしょうか。この点については、そのような商慣習があれば代金をいただけると考える余地はあります（商法１条２項）。しかし、お通しを出さない居酒屋や、お通しを出す飲食店であってもお通しを断ることができるところはたくさんありますから、そのような風習はあるといえても、法的効果を発生させてもよいと考えられる程度の商慣習があるとまでは言えません。

　したがって、お通しを出してその代金をいただくためには、お通しが有料であることを説明したうえで、その提供を求めるのかどうか、つまり注文を受け付けてよいかどうかを確認する必要があります。そうでなければ、代金をいただくことはできないと考えるべきです。でもお客様はお通しを食べたではないかという言い分も考えられなくはないですが、あくまで無料のサービスと勘違いしていたということであれば、代金をいただくわけにはいかないと考えるべきです。

　質問では外国人のお客様からお通しは無料だと思っていたので料金は支払わないと言われたということですが、外国人であればお通しという風習があるということを知らないことは十分あり得ることです。よって、有料であることを説明して注文を受け付けたということでもないでしょうから、その代金を請求することはできないということになります。

2 お通しを提供するうえでの注意点

　お通しを提供し、その代金をいただくためには、お通しが有料であることを説明し（実際は代金額を告げることになるでしょう）、ご提供してもよいかどうかを尋ねる（注文を受ける）ようにする必要があります。また、外国人のお客様に向けて、外国語でその旨のシステムがあることをわかるように表記したメニューなどを用意しておくとよいかと思います。

　もっとも、お通しというのは、季節のおすすめ料理をまずはご提供するという側面もあり、ある意味では日本の食文化のよいところでもあるでしょう。ですから、お店のスタイルとして、お通しとして提供するお料理がとて

も魅力あるものとして上手に説明して注文を受け付けるという方法も用意しておけば売上に貢献できるかと思います。

Q31　サービスに対するクレームへの対応④——釣り銭

> 先日、１万3000円ほどのお会計を済ませて退店されたお客様がしばらくしてから戻ってこられて、「おつりが5000円ほど足らない、先ほど１万円札２枚で支払ったのに、１枚を5000円札と間違えたのではないか」と言われました。会計を担当した店員に確認したところ、確かに受け取ったのは１万円札と5000円札だったということでした。このような場合、どのようにこのお客様に対応すればよいのか教えてください。

▶ ▶ ▶ Point
① お客様の勘違いかどうかは可能な限り調査してください。
② 原因がはっきりしないときは、基本的にお客様の誤解であるとして対応するのも一つの選択肢としてあります。
③ 釣り銭トラブルに備えて事前の対策をきちんとしておくべきです。

1　お客様の単純な誤解か、それとも店員のミスか

(1)　基本的な考え方

　令和２年に発生した新型コロナウイルスの感染拡大の影響もあって、飲食店を中心とした小売店などでのキャッシュレス決済の導入は、世界に後れをとっていると言われている日本でもどんどんと進んでおり、現金で支払いする機会はこれまでと比べてめっきり減りました。そのため、釣り銭間違いをすることも少なくなってきました。しかし、依然として現金支払いにこだわるお客様も一定数は存在し、飲食店でも現金取引に備えた釣り銭の用意はなお必要不可欠です。

　レジで代金決済をしている最中にすぐに釣り銭間違いを指摘されれば、その指摘がお客様の誤解か、それとも店員が間違ったのかははっきりすることが多いと思われます。しかし、質問のように、レジで代金精算が済んでお客様がその場を離れて時間が経ってから、後で釣り銭が間違っていたと指摘されたときは、実際に、釣り銭間違いがあったのかどうかはっきりしないことが多いかと思います。

　飲食店としては、営業中のため、このクレームを申し出られたお客様の対応に時間をとる余裕がなかったり、場合によれば、その対応のやりとりがほかのお客様の目に入り、迷惑になることもあって、やむなくお客様のクレームの真偽がはっきりしないまま、言われたとおり、足らない釣り銭をお支払いすることもあるかもしれません。

　しかし、中にはこのような緩い対応をするお店だと聞きつけていわゆる釣り銭詐欺の標的にされかねないかもしれませんし、また、お客様のいいなりになることは、会計を担当した店員にとっては、自分のミスが原因だとして責任を感じたり、あるいは、信用してもらえなかったという意味において、店員からの信頼を失いかねない事態も考えられます。したがって、このようなケースでも、なあなあで済ませることはせず、可能な限り、事実関係を調査して、お客様の誤解であれば、それをはっきりさせることも必要です。そのことが、かえってお店の信用にもつながることになるでしょう。

(2)　調査方法

　では、どのような方法で調査できるでしょうか。

　最も有効な調査方法は、レジ内の現金の収支を計算する方法です。

　通常は、開店時のレジ内の釣り銭の額を確認しているはずですから、トラブルが出た時点での売上を計算すれば、本来レジ内に残っているはずの金額と実際の金額が合うかどうかで検証できるはずです。ただ、クレームがあったお客様の目の前で釣り銭の計算を行うことは飲食店側としても抵抗があるでしょうし、別の場所で行ったときには、その結果をお客様が信用してくれ

ない可能性もあります。また、釣り銭管理がきちんとしていなければそもそもこの方法でははっきりしません。そうなると別の調査方法ということになりますが、あと考えられるのは防犯ビデオです。レジ回りですから防犯のために、ビデオを設置している飲食店も多いのではないでしょうか。もし、防犯ビデオを設置していれば、そのビデオを検証することで釣り銭に間違いがあったかどうかがはっきりする場合があります。

　もし、それでもはっきりしないということになれば、前述のとおり、お客様のクレームを受入れてその場を穏便にすませるか、それとも、あくまでお客様側にミスがあったことを証明してもらう必要があると説明して、クレームを受付けないか、どちらかを選択することとなります。もちろん、後者の方法を選択したときは、その対応が拡散されてお店の風評が悪くなるリスクや、その後もお客様からのクレームが続けばそれに対応する労力を使うといったデメリットはあります。

② お客様対応で注意すべき点

　別のところでもお話ししましたが、このようなクレームに対しても、まずは謝罪を述べることが大事かと思います。お客様が勘違いしているとしても、会計のときに、受け取った金額と釣り銭に間違いがないかどうか、お客様に意識的に認識してもらえるような確認を取れていなかったということになります。その点は、飲食店側のミスでもあり、そのために不愉快な思いをさせたという点で謝罪する意味は十分あります。もっとも、この謝罪はそういう意味での謝罪であって、釣り銭ミスを認めたことによるものではないことはきちんと区別しておく必要があります。

　次に、レジの収支調査が可能であれば、その調査をすることを伝えて、時間をいただき、お客様の勘違いであることがはっきりすればその調査結果を丁重にお伝えして、ご理解をいただくこととなります。この場合、先ほどのとおり、会計時にきちんと対応していなかったことで誤解を与えたという飲

食店側の落ち度もありますから、できれば、お客様に嫌な思いをさせたり、手間をとらせたことに対するお詫びの意味として、手土産を持たせたり、次回ご利用時の割引きやサービスを約束したりすることも考えればよいかと思います。また、レジ調査もできず、そのほかの方法でもはっきりしないという場合でも、基本的には同じことになろうかと思います。基本的にはお客様の勘違いの可能性があり、クレームのとおり、釣り銭を返金できないことを説明したうえ、上記と同じようにご迷惑をおかけしたことに対するお詫びを提供することでご理解いただくほかありません。その場で決着が付かないということであれば、連絡先などを聞いて、後日に話し合いをさせてもらうと伝え、お引き取りいただくほかありません。

　もっとも、レジ調査で収支がはっきりしないということは、売り上げ管理がきちんとできていないということにもなりますから、飲食店を経営するうえではあってはならないことかと思われます。レジ調査ではっきりさせることができない以上、クレームの内容とおり、足らないと言われた釣り銭をお客様にお支払いをするのが筋だという考えは十分あり得ます。

3　釣り銭のトラブルを避けるために

　釣り銭のトラブルはその支払時にしっかりと金額確認をしなかったことが原因です。

　したがって、お預かりした現金は、預かった時点できっちりと確認したうえ、お客様にも預かった金額を口頭で伝えて意識付けするようにしましょう。また、預かったお金は、すぐにほかのお金と一緒にするのではなく、どこかに仮置きして、精算が済み、お客様がおつりを確認するまでそのままにしておきましょう。さらに、お釣りを渡したときは、必ずお客様にも間違いがないよう確認してもらうように促しましょう。こうすることで釣り銭のトラブルは可能な限り防止できるはずです。

　また、開店する前に、あらかじめレジ内の現金をチェックし、後でレジ現

金の収支がはっきりするようにしておいたり、レジ付近を防犯カメラで撮影し、釣り銭のやりとりがどうであったかを後から見てわかるようにしておきましょう。

　このような釣り銭のトラブルはちょっとした配慮で防止することができます。また、仮に釣り銭のクレームがあっても、きちんと対策をとっていれば、簡単に誤解を解くことができます。

Q32　トラブルへの対応①──お客様同士

> 　先日、お客様同士が酔っ払ってケンカを始めました。そのため、店のテーブルがひっくり返り、お皿やコップが割れたり、窓ガラスも割れました。お客様がケンカを始めたようなときには、どう対処すればよいのか教えてください。また、このケンカのために、警察がやってきて現場検証したりしたため、その日はその後の営業ができなかったための賠償や、壊れた食器や窓ガラスの賠償を求めることができるのか教えてください。

▶▶▶ Point

① 　ほかのお客様に対する配慮を最優先に考えてください。

② 　手に負えないときは警察にすぐに通報しましょう。

③ 　証拠保全をして後日賠償請求をしてください。

1　ほかのお客様への配慮が最優先であること

　アルコールの提供をする飲食店では、時々、酔ったお客様同士でいざこざが起き、エスカレートして店内でケンカを始めるということもあります。飲食店としては、お客様が店内で暴れて、質問のようなことになれば、壊れた什器備品の損害はもちろん、しばらく営業ができないことにより大きな損害が発生することとなります。

　では、もしお客様同士でいざこざが起きたときはどう対処すべきでしょうか。もちろんお客様同士のいざこざやケンカに飲食店側の責任が認められるようなケースはあまり考えられません。しかし、店内にはそれ以外のお客様もおり、飲食店としては、そのお客様に対して店内で安全に快適に飲食して

いただけるよう配慮する義務を負っています。したがって、当然のことながら、いざこざを起こしているお客様に対し、毅然とした態度で、ほかにもお客様がいて迷惑になることを伝え、いざこざをやめるように注意する必要があります。また、いざこざを起こしたお客様に座席移動をお願いしてお客様同士の距離を離したり、場合によれば、退店をお願いすることも考えるべきです。しかし、それでもいざこざが終息せず、質問のように暴力沙汰にまで発展したときは、飲食店側のなすべき対応にも限界があります。そうなったときには、ほかのお客様がケンカに巻き込まれてケガしないようにするため、安全な場所に移動してもらいましょう。下手に動いて従業員がケガでもすれば、労働者に対する雇い主側の責任問題にもなりかねませんので、あわせて従業員の安全にも十分配慮した対応が必要となります。従業員に暴れているお客様を制止させたりすることは、極力避けるべきです。そのうえで、直ちに警察に通報することになります。

② 損害賠償の責任の範囲

　お客様のケンカによって、壊された食器や窓ガラスなどは、ケンカを起こしたお客様に賠償を求めることができます。この場合、少なくとも二人以上のお客様がケンカをして店舗の什器備品などを壊したわけですから、ケンカをしたお客様すべてに賠償請求することができます。法的にはケンカをした複数のお客様は共同不法行為者としての責任を負うこととなりますので（民法719条1項）、ケンカをしたお客様全員が連帯して店の損害を賠償する義務を負うと考えられます。

　賠償の対象となる損害の範囲は、店内でケンカをしたことによって店側に生じた損害のすべてと考えることになります。ですから、先ほどの壊された食器や窓ガラスはもちろん、そのケンカによって営業ができなくなったことによる損害も、賠償の範囲に含まれることとなります。質問にはケンカの後に警察が店内の現場検証（法的には、「実況見分」といいます）したために、

その後の営業ができなくなったということですから、その時間の平均的な売上高の損害が発生したとして、ケンカをしたお客様に賠償を求めることができるでしょう。

　では、飲食店側が、ほかのお客様に迷惑をかけたということで、それまでの飲食代金を無料にしたような場合はどうでしょうか。確かに飲食店としては、お客様同士のケンカによって、ほかのお客様に迷惑をおかけしたと責任を感じ、飲食代金を無料にしたり半額にしたりする対応をとることは理解できないことではありません。しかし、基本的にお客様同士のケンカに飲食店に責任はなく、また、先ほどのとおり、飲食店としてほかのお客様に対する配慮としてやるべきことを行ったと言えます。そうすると、飲食店側が気を利かせて他のお客様の飲食代金を無料にしたりしてもそれは飲食店のサービスとしてなされたもので、ケンカによる損害とまでは言いがたいと考えます。したがってほかのお客様の飲食代金を無料にしたことによる売上の低下は、ケンカによる損害として賠償請求することまではできないと考えるべきでしょう。なお、ほかのお客様は、ケンカをしたお客様によって、何らかの被害を受けたということであれば（たとえばケガをしたなど）、飲食店とは別に、その損害について、ケンカの相手方に請求することは可能です。

③　証拠保全の必要性

　上記のとおり、飲食店は、お客様同士のケンカによって被った損害の賠償請求をすることが可能ですが、後々の請求に備えて、ケンカをしたお客様の名前、住所、連絡先などを確認しておく必要があります。また、混乱したさなかでの出来事でしょうから、中には「自分はケンカに加わっていない」などと反論される可能性もあります。そうした場合、加害者となるお客様が誰であるのかなどの事実は飲食店側が立証しなければなりません。そこで、店内を撮影した防犯カメラの画像を保存したり、場合によればスマートフォンなどによって現場の状況を撮影して証拠保全をしておくことが必要です。店

内を修繕、清掃して一刻も早く営業を再開したいと考えるのが飲食店の本音ですが、まずは、現場の状況などを少なくとも写真や動画で保存しておけば後々、役に立つことがあろうかと思われます。

Q33 トラブルへの対応②──忘れ物・落とし物

閉店後に後片付けをしていると、よく忘れ物や落とし物が見つかります。忘れ物や落とし物の取扱いで注意する点はどのようなことか教えてください。また、財布や携帯電話、手帳など、落とし物の種類で注意する点が変わるのであれば、その点もあわせて教えてください。

▶ ▶ ▶ Point

① 飲食店には管理保管義務があります。

② 忘れ物や落とし物の保管場所、保管方法、管理方法は厳重にしておくことが必要です。

③ 落とし物や忘れ物の中身を確認する場合は慎重に対応してください。

1 落とし物の管理保管義務

お客様が店内で忘れ物や、落とし物をすることはよくあることです。これを発見したときは、飲食店側で保管し、忘れ物や落とし物の持ち主がわかるときは直ちに連絡をとることとなります。また、持ち主がわからないときは、持ち主が現れるまで保管しておくことになります。ただ、このように忘れ物や落とし物を預かって持ち主に連絡したり、あるいは持ち主が現れるまで保管したりすることは、お店のサービスとしてやっていることだから、仮に紛失してしまったりしても責任はないと考えるのは間違っています。店内での忘れ物や落とし物については、飲食店側に一定の管理保管義務があり、その義務に違反して何らかの損害が持ち主に発生すると、やはり、その賠償の責任を負うということになります。この管理保管義務というのは飲食店がお客様に対し、料理を提供しそれを食事してもらうなどのサービスを提供す

る契約に付随して認められる義務と考えられます。また、民法には事務管理という規定があり（民法697条）、それによれば、お客様のために忘れ物や落とし物の保管管理を始めた以上、きちんと責任もってその保管管理をしなければならないという義務を負担するということになります。なお、店内での忘れ物に対しては、遺失物法の適用があります。これによりますと、飲食店は、お客様の忘れ物などを発見したときは、持ち主（正確には遺失者（忘れた人））に返還するか、所管の警察（正確には警察署長）に提出しなければならないとされています（遺失物法4条1項）。忘れ物の持ち主がなかなか見つからないと、いつまでも飲食店は忘れ物を保管しなければならないことになり、飲食店の負担が大きくなるので、その負担を軽減するため、遺失物法は、警察に届け出ることでその管理保管義務を免れるようにしたとみることができます。もっとも、すぐに持ち主が見つからず、かといって警察にすぐに提出することもできないときがあるかもしれません。このようなときは、持ち主が現れるか、警察署長に提出するまでの間、落とし物の種類や特徴、見つかった日時や場所などの情報を店内の見えやすいところに掲示するか、あるいはそういった情報が記載された書面を店内に備え付けておいて、いつでもお客様が見たいというときに見てもらえるようにしておかなければなりません（同法16条1項・2項）。

2 管理保管上の注意点

　このように飲食店は、お客様の忘れ物や落とし物を発見したときは、持ち主に返還するか警察に提出するまで、きちんと管理保管する義務を負います。ですから、忘れ物や落とし物を壊したり、傷つけたりしないように注意する必要があります。まして、紛失するなどということがないよう、保管場所を決めるなどして、きちんと管理することが肝要です。そして、忘れ物や落とし物の管理簿といったものを作成して、できれば鍵のかかる金庫のようなもので管理し、一定時間が経過したときには速やかに警察署に提出するよ

うにすべきです。

　また、忘れ物や落とし物の中には、質問にあるとおり、財布や携帯電話、手帳といったものもあります。財布などには名刺が入っていたり、クレジットカードが入っている可能性があるため、つい、持ち主を調べようと中身を確認することが考えられます。しかし、後で現金がなくなっているなどと言われてトラブルになる可能性がありますので、お財布の中身を確認するかどうかは慎重に決めるべきでしょう。基本的には現状のままで保管し、持ち主から連絡があるのを待つほうがよいかと思います。もし、財布の中身を確認する必要がどうしてもあるというときには、複数人で対応したり、財布の中身を確認するところを動画撮影するなどして、トラブルになったときにきちんと潔白を証明できるようにしてくことが必要です。

　他方、携帯電話や手帳の場合も、財布と同じように持ち主を調べるため、中身を確認したくなりますが、個人情報が詰まっていますので、こちらも簡単に中身を見るなどということはなるべく避けたほうがよいでしょう。また、個人情報を流出させたりしないように、厳重に管理保管しておくことも必要です。

　そして、もし持ち主が見つかり、落とし物などを返還する際には、受領証などを持ち主に作成してもらうようにしましょう。後で受け取っていないなどと言われないようにするためです。また、もし間違えて持ち主ではないお客様に返還したときには、後で返してもらう必要があるため、受領証などを作成しておくことは重要といえます。

Q34　トラブルへの対応③──お客様と店員

> 常連の男性のお客様がおられるのですが、ある女性店員のことを気に入ったようで店内でしつこく話しかけたり、店外でのデートに誘ったりして困っています。あるときには、別の店員が接客したことに怒って、必ずその女性従業員に接客させるように要求したり、最近では、その女性従業員の帰りを待ち伏せして声をかけてきたりするようにもなったということでした。このような場合、どのように対応すればよいのか教えてください。

▶ ▶ ▶ Point

① **飲食店側にはお客様のストーカー行為に対する措置を講じる法的義務があります。**

② **段階的に対応をして、最終的には警察と連携をしてください。**

1 店員へのストーカー行為に対する飲食店経営者側の責任

　いわゆる夜の街のお店（キャバクラなど）の場合、男性客がホステスの女性を口説きにかかるというのは、それが度を超さない一定の範囲内では織り込み済みのところがあるとも考えられますが、本書の読者が想定されている飲食店では、やはり質問のようなお客様の行為はストーカー行為として問題となります。いわゆるストーカー規制法でいうところのストーカー行為とは、恋愛感情などを満足させる目的で、特定の人に対して、不安に思わせるなどの方法で、つきまとったり、待ち伏せしたり、勤務先に押しかけたり見張りをしたりすることを繰り返し行うこととされています（同法2条）。対象のお客様は、飲食店のお客様として来店されているわけですから、そのこ

と自体、「勤務先に押しかける」ものとして違法なものであると言えるかは
難しいところですが、質問にもありますとおり、帰りを待ち伏せしたりする
行為は、ストーカー規制法で規制対象とされる違法行為といえます。

　このような行為を放置すれば、さらにお客様の行為がエスカレートして女
性店員に危害を加えるような犯罪に発展しかねないところですから、飲食店
側としてもきちんとした対応をとることが必要です。特に、女性店員と飲食
店側とは労働契約を締結しているわけですから、使用者である飲食店には、
労働者の安全を確保するために必要な配慮をすることが義務づけられていま
す（労働契約法5条）。つまり、飲食店経営者は、この女性店員が不安を覚え
ず、安全に業務を行えるような環境を整えるなどの義務があるので、このよ
うなお客様に対しても、単に何らかの対応をしたというだけでは済まされま
せん。その対応措置が、女性店員の安全配慮義務として十分なものでなく、
その結果、何らかの事故が起こってしまうと、その加害者のお客様だけでな
く、飲食店側の法的責任も問われることなります。

　したがって、質問のような問題に直面したときは、飲食店経営者も店員の
安全を確保するためにできる限りの対応をする必要があります。

　なお、このような被害を受けた女性店員に対する救済方法として労災補償
を受けられる可能性もありますので、経営者としてそのあたりの助言も必要
かと思います。

2 飲食店側の対応

　対象のお客様の行為は次第にエスカレートしていったようですので、それ
にしたがって時系列的に飲食店側の対応を検討することとします。

　まず、対象のお客様は常連客ということですから、いきなり「やめてく
れ」と告げたり、来店をお断りするというのは飲食店としても難しいところ
かと思われます。そうすると、まず考えられるのは、対象のお客様に対して
は、その女性店員による接客をさせないとか、ホールの仕事から外し、厨房

内の仕事に配置転換する方法です。しかし、対象のお客様がその女性店員による接客を求めたり、接客させないことに対して怒り出すということになれば、根本的な解決ということにはなりません。また、女性店員が厨房内の仕事を希望していなかったり、そもそもその業務をこなせないということになれば配置転換はできません。

　対象のお客様が、その女性店員による接客を求めたり、接客させないことに対して怒り出すという段階になると、一種のクレーマーとしての対応として認識を切り替えることが必要となってきます。したがって、この段階では、お客様に対し、その行為で店員が困惑していることを伝え、また、飲食店側としてもその店員が困っていることを放っておけないので、やめてもらいたいという意思をはっきり伝える必要があります。そして、やめてもらえるまで、何度か同じ意思表示をし、それでもやめてくれないときは、来店をお断りすることになる旨告知したうえ、最終的には来店を拒否する旨伝えるべきです。場合によれば、弁護士名の文書でも渡して、来店を拒否すればよいかと思います。

　また、飲食店側からやめてもらいたいと言われれば、お客様としては、そのような行為をやめるか、あるいはその店には来なくなるというのが普通だと思われますが、それでもやめないということになると、ストーカーとしての危険性が明確になってきますので、警察に相談を持って行くタイミングでもあるかと思います。相談窓口は通常、所轄警察署の生活安全課という部署です。もっとも、この段階で警察が何か具体的に動いてくれるということはないかもしれません。ただ、あらかじめ相談しておけば、何か突発的なことが起こったときに事情がわかっているので警察も即座に動いてくれます。もし相談していなければ、突発的な行為が起こってから、一から説明することとなり、最悪の場合、手遅れとなるような事態になるかもしれません。また、私の経験からいうと、桶川事件（ストーカー被害にあった女子大生やその家族からの相談があったのに警察が杜撰な対応したことが問題となったストー

カー殺人事件）などを契機に、警察の方もこの手の事件に対する認識が変わっており、昔のように民事不介入だからとか、それだけでは何もできないなどと門前払いされるようなこともなく、相談担当者も親身に事情を聞いてくれます。

　そして、店外で女性店員が待ち伏せされたり、声をかけられたりするようになると、ストーカー行為として規制の対象となりますから、事情を警察に報告し、対応を求めるべき段階になります。もっとも、飲食店側としては警察に任せっきりというわけにはいかず、先ほどのとおり安全配慮義務があり、それは単に職場での安全のみならず、通勤中の安全も対象とされていると考えることができます。したがって、少なくとも安全に通勤や帰宅ができるような措置を講じる必要があります。たとえば、通勤や帰宅に誰かが付き添うとか、可能なら自動車通勤などに切り替えてもらう、あるいは、費用がかさみますがタクシー通勤に切り替えるなどの措置をとる必要があります。

　このようにして、段階的に対応を強めていき、それでも止まない時には、お客様の店員に対するストーカー行為として、最終的には警察との連携で対応しましょう。

Q35　口コミサイト上の誹謗中傷への対応

> 自分のお店の評価をインターネットで検索していたら、口コミサイトで事実とは異なるひどい投稿がなされていることがわかりました。そのような投稿を削除したいのですが、何か方法があれば教えてください。

▶ ▶ ▶ Point

① **口コミサイトにより削除方法が異なりますので、まずはガイドライン等を確認し、任意の削除依頼を試みてください。**

② **任意の削除依頼で困難な場合には、法的手段（仮処分・訴訟等）を検討しましょう。**

1　はじめに

　口コミサイトに事実と異なる投稿がされた、SNS にお店を誹謗中傷する書き込みがなされたなど、いわゆる「口コミ」に関する相談は非常に多いのが実情です。

　ここでは前者（口コミサイト上の投稿）に絞り解説を行います。

2　任意の削除方法

　まずは時間・費用の掛からない、任意の削除依頼等の方法により投稿を削除できないかを検討すべきです。削除依頼の方法、削除の基準については、各口コミサイトにより異なりますが、ここでは著名な口コミサイトとして、株式会社カカクコムが運営する「食べログ」について解説します。

　なお、下記の方法は、本書発刊時（令和 3 年 8 月）のものとなります。

(1)　ガイドラインの内容

食べログにおいては、ガイドラインに反する口コミに関し、「その口コミを一旦非表示としつつ投稿ユーザーに対し修正を依頼するなどの対応」を行っています（https://tabelog.com/help/infelicity）。

ガイドラインにおいては、たとえば後記①〜⑨の事項が列挙されており、このガイドラインに違反する口コミについては、食べログ側の判断により修正依頼する場合や、削除を行う場合がある旨記載されています（http://user-help.tabelog.com/review_guide/）。項目ごとに、問題となる投稿の例も記載されていますので、まずは以下のガイドラインに違反するか、確認を行いましょう。

---

① 実際にお食事された内容を具体的に記述してください

② お店へ悪影響を及ぼすかつ内容の確認が困難な事象についての投稿はご遠慮ください

③ 衛生管理面のクレームはしかるべき当局へご連絡ください

④ お店の法律違反・契約違反に関する内容はしかるべき当局または関係者へご連絡ください

⑤ 個人への誹謗中傷、店舗への断定的批判、及び不適切な表現は禁止します

⑥ トラブルがあったお店への口コミの投稿はご遠慮ください

⑦ 法令に反する行為や犯罪行為等に結びつく口コミは禁止です

⑧ プライバシーの侵害にご配慮ください

⑨ 節度ある表現での投稿をお願いします

なお、トラブルになったお客様が、後日、誹謗中傷に近い口コミを投稿するケースもよく見られますが、ガイドライン上は、「お店から『○○というトラブルがあった方の口コミである。』との指摘を受けた場合には、該当の

口コミを削除する場合がございます」との記載もなされています（前記⑥）。

(2)　具体的方法

　問題のある口コミを見つけた場合には、当該口コミの下にある「問題のある口コミを連絡する」というリンクをクリックし、お問い合わせフォームから連絡をすることとなります。

③　法的な削除方法

(1)　仮処分命令

　前記２の方法により削除依頼を行っても、実際に削除されるかは運営者側の判断になるため、投稿が削除されないこともあります。このような場合、法的手段を選択する必要があり、具体的には、まずは当該投稿の削除の仮処分命令（民事保全法23条２項）を裁判所に申し立てることとなります。

　これは、裁判の一種ではあるものの、「仮」の判断を裁判所が迅速に行うものです。仮の決定とはいえ、裁判所が削除を認める判断を行った場合には、当該判断に従い削除を認める運営者が多いため、実効性の高い手段と言えます。

　しかし、仮処分の申立てを行う場合には、通常の裁判ではなく、「仮」に処分を出す必要性があること（＝迅速）、すなわち、投稿が迅速に削除されなければ著しい損害が生じること（保全の必要性と呼ばれます。民事保全法13条１項）につき、疎明（裁判官が一応確からしいと判断できる状態）する必要があります。また、「仮」の処分とはいえ、当該口コミが違法であり、削除することが相当と判断できなければ、裁判所は削除命令を出してくれません。そのため、申立者は、当該口コミが違法であり、削除が相当であること（人格権・名誉権等を侵害していること、違法性阻却事由がないこと）を疎明する必要があります。

　仮処分の申立てを行った後の流れとしては、申立者（債権者）と裁判官とで面接（債権者面接と呼ばれ、主張の確認等が行われます）が行われた後、運

営者（債務者）の意見を聴取する場が設けられます（双方審尋と呼ばれます。民事保全法23条4項）。この双方審尋では、運営者だけでなく申立者も呼ばれるのが通常であり、双方にて主張が行われることとなります。

　審尋を経て、削除が相当であると裁判所が判断した場合、裁判所から申立者に対し、担保金の供託が求められますが、この供託を行わなければ、仮処分命令は出されないため、注意が必要です。担保金は、違法・不当な仮処分命令の執行により、損害を受けうる相手方の損害賠償請求権を担保するために必要なもので、「仮」の処分を出すという性質上、求められるものとなります。なお、30万円～50万円程度が通常です。

　担保金の供託がなされた後、裁判所が投稿削除の仮処分命令を決定することとなります。仮処分命令が出れば、当該命令に従い削除に応じる運営者がほとんどですが、削除に従わない場合には、執行の手続をとることができます。強制的に投稿を削除することは性質上できませんが、投稿を削除するまでの期間、一定金額の支払いを裁判所が命じることとなり、間接的に削除を実現することが可能です（間接強制。民事執行法172条）。

(2)　裁　判

　食べログ上に掲載されたページの削除を巡り、裁判となった事案もあります。

　これは、口コミの削除を求めた事案ではなく、店舗情報が掲載されたページ自体の削除を求めた事案であり、少し特殊な事案です。ただし、判決文をみるに、訴訟を提起する前に、店舗が食べログ側に対し、料理が出てくるまで40分くらい待たされた旨の口コミの削除を求めたものの、食べログ側がこれに応じなかったという事情があるため、訴訟の背景に、口コミ削除の問題があったものと思われます。

　店舗側は、店舗情報（店舗の名称を含む）等を掲載することが、不正競争防止法に違反し、また人格権を侵害するとして、食べログ側に店舗の掲載ページの削除（掲載差止め）を求めるとともに、損害賠償請求を行いました

が、裁判所は、かかる店舗側（控訴人）の請求を認めませんでした（札幌高裁平成27年6月23日判決・判例集未登載）。また、「本件ページには、本件名称等の店舗情報のみならず、本件店舗を利用した顧客による口コミ投稿も掲載されており、口コミ投稿の内容いかんによっては、本件店舗の評判が低下するなど、控訴人に一定の営業上の損害が生じる可能性があること自体は否定できない」。「しかしながら、控訴人は、一般公衆を対象として飲食店を経営しているのであるから、顧客の評判によって利益を得たり、損失を受けたりすることを甘受すべき立場にある（控訴人が主張するような、口コミによる評価を受けないという営業スタイルを選択する自由なるものは認め難い。）。控訴人の名誉や本件店舗の信用をいたずらに毀損する内容の口コミ投稿であるならともかく、社会的に相当性を有する口コミ投稿であるなら、これによって営業上の損失が生じたとしても、それは控訴人において甘受すべきものというべきである」。

　「本件サイトは、店舗側の提供する情報の他、実際に店舗を利用した顧客による口コミ投稿から成るものである。本件ページにも、14名のユーザーからの口コミ投稿がされている」ところ、「仮に本件ページが削除されることになれば、これらの口コミ投稿も削除されることになり、これらユーザーの表現の自由を害することになりかねない……これから利用する飲食店を探そうとする一般消費者にとっては、現実に当該店舗を利用した顧客による評価を知りたいという要望が大きい」ところ、「経営者の同意がないという一事で飲食店の口コミ投稿が許されないとするなら、これら一般消費者がこれらの情報にアクセスする機会を害することになりかねない」と、判決文の中で口コミの意義についても言及をしています。

4　最後に

　飲食店としては、まずは掲載ウェブサイトへの任意の削除依頼を求めることとなりますが、削除がなされない場合には、法的手段を検討せざるを得ま

せん。もっとも、「料理がおいしくない」「料理の提供に時間がかかる」と
いった類の口コミは、違法な投稿とまでは言えず、削除が認められないこと
も多くあります。そのため、口コミを削除するのではなく、良い口コミを増
やすことにより、飲食店の評判を回復することが最善の解決策というケース
も多くあります。

Q36 暴力団関係のお客様への対応

　常連のお客様で、明らかに暴力団関係者と思われるお客様が来店されます。業務妨害等の問題を起こされるわけではないのですが、ほかのお客様への影響が心配ですし、従業員も怖がっています。来店をお断わりする方法があれば教えてください。

▶▶▶ Point

① 　誰を入店させるかは飲食店側の自由であるため、来店を拒否することは可能ですが、伝え方に注意してください。

② 　暴力団関係者と認識しながら会合場所を提供した場合、条例違反となる可能性があるため、注意が必要です。

1 入店拒否

⑴ 営業の自由

　前提として、飲食店には営業の自由があるため、誰を入店させるかについては、基本的に飲食店が決定することができます。この営業の自由は、憲法22条１項（職業選択の自由）により保障される、憲法上の権利と解されています。

　ただし、入店拒否の理由によっては、民法上、不法行為等の損害賠償責任を負う可能性があります。外国人であることや、外国生まれであることを理由に飲食店が退店要求・入店拒否をした事案において、「原告の出自を理由に一般公衆の来集を目的とした飲食施設である本件店舗の利用について、正当な理由に基づかない差別的取扱をしたもの」として、不法行為にあたると判断された裁判例があります（東京地裁平成16年９月16日判決・判例集未登載）。

　他方、暴力団関係者であることを理由とする入店拒否は、合理的な理由に基づく入店拒否と言えるため、この裁判例が示すような「正当な理由に基づかない差別的取扱」にはあたらず、不法行為の問題にはなりません。

　飲食店としては、暴力団関係者の入店を拒否する意向を示すため、店舗出入口に暴力団排除のステッカー・ポスターを貼る、店舗のホームページに、暴力団関係者の入店を受け付けない旨の記載を行うといった対応が必要となります。

(2)　注意すべき点

　現実には、お客様が暴力団関係者であるかを判別することは困難であり、「暴力団関係者かもしれない」という程度の認識しかもてないことが大半です。この場合であっても、暴力団関係者であることをうかがわせる事情が一定程度あれば、「暴力団関係者と疑われる」ことを理由に入店拒否をすることも、合理的理由に基づく入店拒否と言えるでしょう。

　たとえば、対象客が自ら暴力団関係者であることを仄めかす発言をしている場合には、当該発言のみを理由に入店拒否することも相当と考えます。また、高級車での来店、指の一部が欠けている場合（これらの事情だけで暴力団関係者と判断することは相当ではありませんが、関係者であることをうかがわせる事情ではあります）や、対象客が暴力団関係者である旨の噂を複数人から聞いている場合には、お客様に事情を確認のうえ、入店拒否を行うことも検討すべきです。

　ただし、あくまでも「疑い」にすぎないため、どのように入店拒否を伝えるか（表現・伝えるタイミング、場所等）を慎重に検討する必要があります。たとえば、暴力団関係者であると断定して、ほかのお客様がいる前で入店を拒否してしまうと、損害賠償請求をされる可能性（民法709条）や、表現次第では、名誉毀損罪（刑法230条）、侮辱罪（同法231条）等にあたりうるため、注意が必要です。

　また、適切な表現・タイミング・場所で入店拒否を伝えたとしても、対象

のお客様が激高する、店舗に脅迫行為を行う、後日クレーム・不当要求を行う可能性が相当程度あることは否定できません。そのため、事前・事後に、所管の警察署や、弁護士（ほぼすべての都道府県の弁護士会で専門相談窓口があります）に相談することをおすすめします。

2　暴力団排除条例

(1)　はじめに

名称に多少の違いはありますが、現在、すべての都道府県において、暴力団の排除を目的として条例が定められています。たとえば東京都では「東京都暴力団排除条例」という条例が定められており、暴力団排除活動の基本理念や、都が行うべき基本的施策、都民等の役割、禁止される行為、違反した場合の措置、罰則等が定められています（他県の条例も内容はおおむね共通しています）。

(2)　利益供与の禁止

東京都暴力団排除条例24条3項において、「事業者は、第1項に定めるもののほか、その行う事業に関し、暴力団の活動を助長し、又は暴力団の運営に資することとなることの情を知って、規制対象者又は規制対象者が指定した者に対して、利益供与をしてはならない。ただし、法令上の義務又は情を知らないでした契約に係る債務の履行としてする場合その他正当な理由がある場合には、この限りでない」と定め、飲食店を含む事業者から暴力団に対し、利益供与を行うことを禁止しています。

係る規定に反した場合には、公安委員会より勧告がなされる可能性があり（東京都暴力団排除条例27条・28条で自主申告を行った場合の除外規定あり）、勧告を受けた日から1年以内に、正当な理由なく、「相当の対償のない利益供与その他の不当に優先的な利益供与」をした場合には、公安委員会より事業者名や違反の事実等の公表がなされる可能性があります（同条例29条1項5号）。

　たとえば、暴力団に対し、いわゆる「みかじめ料」を支払う行為は、条例により禁止される利益供与にあたります。また、お客様が暴力団員であることを認識しながら、暴力団の会合（宴会）の場を提供することも、禁止される利益供与にあたると解されています。東京都ではありませんが、お客様が暴力団であると認識（高級車で来店していた、一部の客の指が欠けていた）しながら会合場所を提供したとして、飲食店経営者に対し、条例違反に基づき勧告を行った旨の報道がなされていました。

　飲食店としては、宴会予約に関するキャンセルポリシーを定め、暴力団員であることが判明した場合に予約を解約できる旨を明記するとともに、現に暴力団員であることが判明した場合には、速やかに予約を解約する必要があります。

　なお、解約を告げた際や、後日、クレーム・不当要求等がなされる可能性があること、事前・事後に、所管の警察署や、弁護士に相談すべきことは、前記1と同様です。

Q37　客引きにより警察沙汰になった場合の対応

新型コロナウイルスの感染拡大により、お客様が減ったので、従業員に指示してお客様の呼び込みをさせていたら、強引な客引きをしたということで警察に逮捕されてしまいました。経営者としてどのような対応をすべきか教えてください。また、今後同じようなトラブルにならないように、お客様の呼び込みを行う際の注意点があればあわせて教えてください。

▶ ▶ ▶ Point

① 風営法や各都道府県・市区町村の条例を確認し、違法な客引きの類型を把握しましょう。

② 違法な客引き行為を行わないよう、マニュアル策定を含め、従業員教育が重要です。

1 風営法

(1) 規制の内容

風営法は、22条において、風俗営業を営む者が、「当該営業に関し客引きをすること」（同条1項1号）、「当該営業に関し客引きをするため、道路その他公共の場所で、人の身辺に立ちふさがり、又はつきまとうこと」（同項2号）を禁止しています。

そして、風営法32条3項において、「第22条第1項（第3号を除く。）の規定は、飲食店営業を営む者について準用する。この場合において、同項第1号及び第2号中『当該営業』とあるのは『当該営業（深夜における営業に限る。）』と……読み替えるものとする」と定められており、飲食店営業者にお

いても、深夜営業（午前0時～午前6時までの時間）における客引き行為は、風営法により禁止されています。

　仮に上記に違反した場合には、「6月以下の懲役若しくは100万円以下の罰金」が科される可能性があります（併科される可能性もあります。風営法52条1号）。また、同法56条において、いわゆる両罰規定が定められており、客引きを行った行為者（従業員等）だけでなく、法人（個人事業主の場合には個人）に対しても、罰金が科される可能性があります。

　「風営法」という名称を聞くと、いわゆる風俗店のみを対象とした法律と思われることが多いのですが、このように、飲食店が規制の対象となっていることもあるため、注意が必要です。現に、一般の飲食店（ケバブ屋）が執拗な客引き行為を行ったところ、風営法違反を理由に逮捕された事案や、居酒屋の客引き行為が風営法違反にあたるとして、代表者が逮捕された事案もあります。いずれも午前0時以降に客引きを行っていた事案でした。

(2)　禁止される客引き行為

　どのような行為が違法な客引き行為にあたるかについては、警察庁の「風俗営業等の規制及び業務の適正化等に関する法律等の解釈運用基準について（通達）」という通達内に下記の記載があり、参考になります。

　法第22条第1項第1号中「客引き」とは、相手方を特定して営業所の客となるように勧誘することをいう。例えば、通行人に対し、営業所の名称を告げず、単に「お時間ありませんか」、「お触りできます」などと声を掛けながら相手の反応を待っている段階では、いまだ「客引き」には当たらないが、この際に、相手方の前に立ちふさがったり、相手方につきまとうことは、同項第2号の「客引きをするため、道路その他公共の場所で、人の身辺に立ちふさがり、又はつきまとうこと」に当たる。また、いわゆるホストクラブの従業者が、通行人の女性に、個人的な交際の申込みや接客従業者の募集を装って声を掛け、その身辺に立ちふさ

がったり、つきまとったりしている場合についても、例えば、黒服を着てビラ等を所持しているなど、客観的な状況から「客引きをするため」の行為と認められるときは、同号の行為に当たる。

　この記載内容を踏まえると、通行人に対し、店舗名を告げず、「お時間ありませんか」「今すぐ飲めます」などと声を掛ける程度であれば、風営法上の客引き行為にはあたりませんが、声を掛けるだけでなく、通行人の前に立ちふさがったり、通行人と並行して歩きながら勧誘を継続することは、禁止される客引き行為にあたることとなります。

② 条 例

　風営法だけでなく、各都道府県、市区町村において、客引き行為を禁止する条例が定められています。

　たとえば、東京都においては、「東京都迷惑防止条例」が定められており、同条例内で、一定の客引き行為が禁止されています。具体的には、同条例７条１項４号において、公共の場所において、不特定の者に対し「人の身体又は衣服をとらえ、所持品を取りあげ、進路に立ちふさがり、身辺につきまとう等執ように客引きをすること」を禁止しており、違反した場合の罰則（50万円以下の罰金または拘留もしくは科料（同条例８条４項５号））も定められています。風営法と同様に、両罰規定（同条例９条）も定められています。

　また、たとえば新宿区においては、「新宿区公共の場所における客引き行為等の防止に関する条例」が定められており、東京都よりも広く、客引き行為を禁止しています。具体的には、同条例７条１項において、「何人も、公共の場所において、客引き行為等をしてはならない」と定められており、「執よう」であるかを問わず、客引き行為を一律に禁止しています。違反した場合には、区長による指導（同条例10条）、警告（同条例11条）、勧告（同条例12条）、立入調査等（同条例13条）、公表（同条例14条）、店舗場所の提供者

への通知（同条例15条）といった措置が予定されております。勧告を受けた後に再度違反行為を行った場合には、5万円以下の過料（同条例19条1号）が科される可能性があり、また両罰規定（同条例20条）も定められています。

　なお、東京都の条例も、新宿区の条例も、風営法とは異なり、時間帯を問わず客引き行為を禁止している点に注意する必要があります（前記1で記載したとおり、風営法は深夜営業における客引き行為を禁止しています）。

　各都道府県、市区町村により、禁止される客引き行為の類型・定義も異なりますので、自店に適用される条例を確認し、どのような行為が禁止されているかを把握する必要があります。

　そのうえで、従業員に対し、禁止される客引き行為を伝えるとともに、そのような行為を絶対に行わないよう、マニュアル等を用いて教育を行うことが重要となります。

③　逮捕された場合の対応

(1)　従業員が逮捕された場合

　繁華街をパトロール中の警察官が違法な客引き行為を現認し、現行犯逮捕する場合など、違法な客引き行為を行った従業員が逮捕されるケースも珍しくありません。検挙人数はここ数年減少傾向にありますが、平成29年は676人、平成30年は570人、令和元年は506人が、風営法・迷惑防止条例により禁止される客引き・スカウト行為等を理由に検挙されています（警視庁ホームページ「客引き・スカウトの検挙状況と検挙事例」参照）。

　逮捕された従業員は、自ら弁護士を呼ぶことが可能です。警察から弁護士会に連絡が入り、弁護士会の名簿に登録された弁護士の中から一人が選ばれ、その弁護士が被疑者（従業員）と面会し、アドバイス等を行うこととなります（当番弁護士制度。刑事訴訟法31条の2）。また、逮捕のみ（48時間）では身体拘束が解けず、勾留により引続き身体拘束が行われる場合には、国選弁護人の選任を請求することができます。なお、50万円以上の資力がある場

合には私選弁護人を紹介することとなります（同法37条の２）。

　従業員が逮捕された場合、「店舗側で弁護士を探したほうがよいですか？」という旨の質問がなされることがありますが、上記のとおり、被疑者（従業員）自ら弁護士を呼ぶ・選任する制度がある以上、店舗側で積極的に弁護士を探し、その弁護士に弁護活動を行ってもらう必要はありません。

　店舗側からの依頼に基づき、弁護士が被疑者（従業員）と接見（面会）を行うことは理屈上可能ですが、弁護士は、「被疑者及び被告人の防御権が保障されていることにかんがみ、その権利及び利益を擁護するため、最善の弁護活動に努め」なければならない（弁護士職務基本規程46条）ため、店舗側の意に沿うような形で弁護活動を行うことはできません。また、弁護士は、「依頼者の利益と他の依頼者の利益が相反する事件」の職務を行うことが、基本的に禁止されています（同基程28条３号）。

　前述したように、客引き行為は、従業員だけでなく、法人も罰則の対象となっているため、従業員と店舗側とで利害が対立する可能性が高い類型の犯罪類型です。そのため、店舗側からの依頼を受けて被疑者（従業員）と接見することは、望ましくないと考えます。このほか、守秘義務の問題や、接見の方法の問題（「弁護人となろうとする者」としての接見か、一般接見の形をとるべきか）もあるため、当該依頼を受けるべきかは、弁護士としても慎重に検討する必要があります。

(2)　経営者・店長が逮捕される可能性

　客引き行為を行った従業員だけでなく、客引き行為を指示していた経営者・店長等が逮捕されるケースもあります。経営者・店長等は、直接客引き行為は行ってはいないものの、従業員に明示または黙示に指示を出して客引き行為を行わせているため、当該従業員と「共同して」違法な客引き行為を行っているものとされてしまいます（共謀共同正犯などと呼ばれます）。そのため、違法な客引き行為等が理由で従業員が逮捕された場合、警察から店舗に連絡があり、店長・経営者の事情聴取が行われることが通常です。

　警察からは、店舗から従業員に行った指示の内容等、詳しく事情が確認され、また従業員とのSNSのやりとり、客引きに関するマニュアル等の提出を求められることとなります。しっかりと従業員教育を行ったにもかかわらず、店員が違法な客引きを行ってしまうケースもあるため、店舗側としては、適切に従業員教育を行ったことがわかるように、マニュアルを策定するとともに、当該マニュアルに基づいて研修・教育を行い、研修・教育を受けたことがわかるように、実施報告書等に従業員の署名をもらっておく、といった対応をすることが望ましいと考えます。なお、どのような名称でも構いませんが、いつ、どのような研修を行い、誰が参加したかがわかるような書式が望ましいです。

Q38　食中毒が発生した場合の対応②──お客様

お客様より、「当店で食事をした後に体調が悪くなった」との連絡がありました。お客様に対し、どのように対応すればよいのか教えてください。また、保健所の調査の結果、当店の提供した食事が原因で、食中毒を発症したことがわかった場合はどうすればよいのかあわせて教えてください。

▶ ▶ ▶ Point

① まずはお客様の体調面に配慮し、速やかに病院で受診することをすすめましょう。

② 自店が原因の場合、お客様への賠償を行う必要がありますが、金額の妥当性を含め、弁護士に相談することをおすすめします。

1　はじめに

どれだけ衛生面に注意しても、食中毒のトラブル（食中毒の疑いを含む）が発生してしまうことはあります。これまで食中毒トラブルとは無縁であった飲食店においては、いきなり「食中毒」という単語を聞いて、非常に動揺してしまい、特に初動対応（顧客対応）を誤ってしまうことがあります。ここでは、食中毒トラブルが発生した際の顧客対応につき記載します。なお、保健所対応については、Q10等を参照してください。

2　食中毒の「疑い」の連絡がお客様よりあった場合

(1)　事情の確認

この場合、「食事をした直後に体調が悪くなった」という抽象的な連絡で

あることも多いため、体調を気遣う姿勢を示しつつ、具体的な事情（いつ自店で食事をしたか、何を食べたか、一緒に来店した人の体調はどうか、どのような症状がいつから出ているか、医師の診察を受けたか等）を確認する必要があります。

　医師の受診をまだ受診していない場合には、飲食店側で食中毒か否かを判断することはできないことを伝え、速やかに医師の受診をすすめる必要があります。体調不良の理由が食中毒であるか、自店が原因であるかは不明であるものの、被害申告があった時点で、飲食店側から保健所に連絡するのが望ましい対応と言えます。

(2)　お客様から補償の話をされた場合

　お客様によっては、この段階で補償（賠償）の話をされることもありますが、飲食店側としては、「医師の診察結果、保健所の判断結果を踏まえて慎重に対応を検討する必要がある」旨を伝え、その場で即答することは避けるべきです。

　ただし、体調不良の原因が自店にある可能性を考慮すると、お客様から連絡が来た時点で、最初の病院の診察代、病院への交通費については、飲食店側で負担する旨申し出たほうが望ましいケースも多くあります。

　この段階では、体調不良の原因が食中毒であるか、また自店が原因かは不明（自店に落ち度があるか不明）であるため、お客様の意見・被害申告自体を否定することは適切ではない一方で、飲食店側の非を認めることもまた適切ではありません。

③　保健所の調査結果を踏まえた事後対応

(1)　体調不良・食中毒の原因が自店にある場合

　食品管理・調理方法等が理由で食中毒が発生した場合等、被害者の健康被害につき、自店に責任がある場合には、被害者と補償の話をする必要があります。

　治療費、通院時の交通費、休業損害（体調不良により仕事を休んだ場合）、慰謝料、逸失利益（食中毒により後遺障害が残ってしまった場合や、被害者が死亡した場合に生じます）などの損害が考えられますが、請求内容の妥当性を検討するため、被害者に正式に回答をする前に、弁護士に相談することをおすすめします。

　特に、被害者が死亡してしまった事案においては、極めて高額の賠償責任を負う可能性があります。たとえば、焼肉屋で提供されたユッケを食べた顧客181人が食中毒を発症し、うち5名が死亡した事案（被害者・被害者の遺族9名が事業主および経営者に対し訴訟を提起した事案）において、事業主に1億9000万円以上（既払金を含めると2億7000万円以上、ただし経営者の賠償義務は否定されました）の賠償を命じた裁判例があります（東京地裁平成30年3月13日判決・判例集未登載。なお、東京高裁平成30年11月7日判決・判例集未登載も地裁判断を維持）。

　なお、食中毒発生時に利用できる保険（生産物賠償責任保険等）に加入している場合には、通常、損害の全部または大部分を保険で賄うことが可能であるため、まずは保険内容を確認してください（保険については、Q42にて解説します）。

(2)　自店に責任がない場合

　医師の診察・保健所の調査の結果、体調不良が食中毒以外の原因であった場合や、自店において食中毒が発生したと判断されなかった場合であっても、お客様より補償を求められることがあります。

　基本的には、体調を気遣う姿勢は見せつつも、「自店に責任がないため、補償には応じられない」旨の回答をすることとなります。もっとも、補償の要求が続く場合や、インターネット上に「食中毒被害が発生したのに対応してくれなかった」等と虚偽の事実を記載された場合等には、速やかに弁護士に相談し、対応を検討してください。

第5章

契約・取引に関する相談

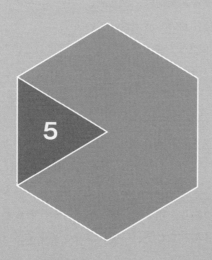

Q39　飲食店におけるフランチャイズ契約①──概要

> ラーメン屋を経営しているのですが、かなり繁盛しているため、フランチャイズ化することを検討しています。フランチャイズ経営に乗り出すうえで注意すべき点があれば教えてください。また、フランチャイジーとして、フランチャイズ本部と加盟店契約をしようとする場合、注意すべき点があればあわせて教えてください。

▶ ▶ ▶ Point

① 　トラブル防止のため、契約内容の取決めが非常に重要となります。

② 　フランチャイジーとして加盟店契約を行う場合、契約内容を含め、慎重に検討を行う必要があります。

1 　フランチャイズ契約

　現在、フランチャイズ契約は、飲食店、コンビニエンスストア、学習塾など、さまざまな業種において活用されています。

　一般社団法人日本フランチャイズチェーン協会は、「フランチャイズ」という単語を下記のとおり定義しております（https://www.jfa-fc.or.jp/particle/78.html）。

> 　フランチャイズとは、事業者（「フランチャイザー」と呼ぶ）が他の事業者（「フランチャイジー」と呼ぶ）との間に契約を結び、自己の商標、サービス・マーク、トレード・ネームその他の営業の象徴となる標識、および経営のノウハウを用いて、同一のイメージのもとに商品の販売その他の事業を行う権利を与え、一方、フランチャイジーはその見返りと

して一定の対価を支払い、事業に必要な資金を投下してフランチャイザーの指導および援助のもとに事業を行う両者の継続的関係をいう。

フランチャイザー（以下、「本部」ともいいます）は、自己の商標の利用、経営ノウハウ、事業支援等（フランチャイズ・パッケージなどと呼ばれます）をフランチャイジー（以下、「加盟者」ともいいます）に提供するのと引換えに、加盟金・ロイヤリティ（対価）といった金銭給付を受けることとなります。加盟者は、本部より提供されたフランチャイズ・パッケージを利用するものの、独立した事業者として、自ら資金を投下して、営業を行うこととなります。

2　契約書で取り決めるべきこと

フランチャイズ契約においては、①フランチャイズ・パッケージの内容（本部が提供するサービス内容）、②加盟金・ロイヤリティの額、支払時期、③契約期間・中途解約時の違約金、④解除事由、⑤契約終了時の処理といった一般的事項につき取決めがなされます。

また、フランチャイズ契約に特有の条項として、⑥契約期間中・契約終了後の競業行為の禁止、⑦契約上の地位の無断譲渡の禁止、⑧取引先・仕入先の指定、制限、⑨取扱商品・販売方法・販売価格の指定、制限、⑩店舗の内外装の指定、制限、⑪テリトリー権（一定地域内で加盟者が独占的に営業することができる権利）といったものがあげられます。特に、⑧〜⑩は、フランチャイズ・チェーン全体の品質確保、イメージの統一性を保つために重要なものとなります。

さらに、加盟者が負う契約上の義務を担保するために、⑫連帯保証人を設定することも多くあります。

③ 本部（フランチャイザー）側の注意点

　本部としては、まずはフランチャイズ・チェーンの全体像を検討する必要があります。ある程度の規模感をもってチェーンを展開するか、チェーン全体のイメージの統一性をどこまで保つかによって、契約書に記載すべき条項も大きく異なります。

　また、契約内容や加盟者への説明次第では、法律（小振法・独禁法）に違反してしまったり、契約の一部（特に違約金・解約金条項が問題になることが多いです）が無効とされたり、加盟者より損害賠償請求（不適切な予想売上を提示した場合等）がされる可能性もあります（詳細については、Q40等を参照してください）。そのため、本部としては、法律上の規制も踏まえたうえで、どのような契約条項を設定するか、契約に際し加盟者にどのような説明を行うか、算出した予想売上は適切か（調査は十分か、合理的な予想か）、といった点を、入念に検討する必要があります。

④ 加盟者（フランチャイジー）側の注意点

　加盟者としては、本部から示された契約書に安易にサインせず、内容をよく確認するとともに、著しく不利な内容については、修正依頼を行う必要があります。

　また、フランチャイズ契約においては、本部からのサポート（経営ノウハウ、事業支援等）は予定されているものの、上記のとおり、加盟者は、独立した事業者として、自ら資金を投下して営業を行います。特段の合意がない限り、売上が上がらなかったときの補償を本部が行ってくれるわけでもありません。そのため、本部の説明（予想売上等）を鵜呑みにするのではなく、疑問点・懸念事項があれば本部に質問し、またフランチャイズ契約をすることにより収益が上がるかの検証を自ら行い、そもそも契約を締結するかを含め、慎重に検討する必要があります。

Q40　飲食店におけるフランチャイズ契約②——契約書作成時・説明時の注意点

本部（フランチャイザー）として、加盟者（フランチャイジー）と契約をする予定ですが、契約書の作成時や説明をする際に注意すべき点があれば教えてください。また、さまざまな法律が問題になると聞きましたが、どのような点に気をつけるべきかあわせて教えてください。

▶▶▶ Point

① 　小振法・独禁法の規制を把握して、違反のないようにしましょう。

② 　民法の一般条項（公序良俗）や、保証のルールにも注意してください。

1　中小小売商業振興法（小振法）

(1)　規制の内容・対象となる事業者

　小振法は、「商店街の整備、店舗の集団化、共同店舗等の整備等の事業の実施を円滑にし、中小小売商業者の経営の近代化を促進すること等により、中小小売商業の振興を図り、もつて国民経済の健全な発展に寄与することを目的」とする法律（同法1条）ですが、一部のフランチャイズ契約は、この小振法の規律を受けることとなります。

　小振法上、「主として中小小売商業者に対し、定型的な約款による契約に基づき継続的に、商品を販売し、又は販売をあっせんし、かつ、経営に関する指導を行う事業」は「連鎖化事業」と呼ばれます（同法4条5項）。なお、中小小売商業者に対してなので、加盟者の多数が大企業・サービス業者の場合は適用されません。

　そして、この連鎖化事業のうち、「特定連鎖化事業」（当該連鎖化事業に係

る約款に、加盟者に特定の商標、商号その他の表示を使用させる旨および加盟者から加盟に際し加盟金、保証金その他の金銭を徴収する旨の定めがあるもの）を行う者は、加盟者と契約を締結する際に、一定事項を記載した書面を交付し、その内容を説明する必要があります（小振法11条1項）。

　少しややこしいですが、フランチャイズ契約のうち、①本部が加盟者に直接商品を販売し、加盟者がこれを顧客に提供する場合（「商品を販売」に該当）や、②本部が加盟者に対し、卸売業者等の仕入先を推奨・指定する場合（「販売をあっせんし」に該当）には、「連鎖化事業」「特定連鎖化事業」に該当し、上記の開示・説明義務を負うこととなります。

　飲食店のフランチャイズ契約においては、前記①・②のいずれかを定めることが多いため、多くのケースにおいて、小振法が適用されることに注意が必要です。他方、商品の販売・仕入先の推奨・指定等を契約条件としない飲食店・サービス業のフランチャイズ契約の場合、小振法は適用されないこととなります。

〔表5〕　規律のイメージ

(2)　開示・説明が義務づけられている事項

　小振法11条1項において、本部が開示・説明しなければならない事項は多

岐にわたります。具体的には、①加盟に際し徴収する加盟金、保証金その他の金銭に関する事項（同条1項1号）、②加盟者に対する商品の販売条件に関する事項（同項2号）、③経営の指導に関する事項（同項3号）、④使用させる商標、商号その他の表示に関する事項（同項4号）、⑤契約の期間並びに契約の更新および解除に関する事項（同項5号）、⑥その他、経済産業省令で定める事項（同項6号）について、開示・説明する必要があります。具体的な開示・説明事項は、小振規10条、11条において、詳細に定められています。中小企業庁が出している「フランチャイズ事業を始めるにあたって」というリーフレットにおいて、具体的な開示項目がまとめられており、参考になります。

(3)　開示・説明義務に違反した場合

　小振法の定める開示・説明義務に違反した場合、主務大臣から勧告がなされる可能性があり（同法12条1項）、勧告に従わない場合には公表がなされる可能性があります（同条2項）。罰則の定めはありません。

(4)　施行規則の改正

　なお、令和4年4月1日より、小振法の施行規則の一部が改正・施行されることとなりました。この改正により、本部は、「加盟者の店舗のうち、周辺の地域の人口、交通量その他の立地条件が類似するものの直近の三事業年度の収支に関する事項」についても、加盟希望者に書面にて開示・説明することが必要になるため、注意が必要です。

２　独禁法

　フランチャイズ契約においては、独禁法も適用されることとなります。

　公正取引委員会は、「フランチャイズ・システムに関する独占禁止法上の考え方」というガイドライン（以下、単に「ガイドライン」といいます）を公表しており、本部・加盟者間の取引のうち、独禁法上、どのような行為が問題となるかを明示しております。なお、ガイドライン上、「フランチャイ

ズ・システムにおいては、本部と加盟者がいわゆるフランチャイズ契約を締結し、この契約に基づいて、本部と各加盟者があたかも通常の企業における本店と支店であるかのような外観を呈して事業を行っているものが多いが、加盟者は法律的には本部から独立した事業者であることから、本部と加盟者間の取引関係については独占禁止法が適用される」との記載があり、フランチャイズ契約に独禁法が適用されることが当然の前提となっております。

以下、このガイドラインに則り解説を行います。

(1) 本部の加盟者募集

(ア) 事前開示が推奨されている事項

ガイドライン上、本部が加盟者を募集するにあたっては、「加盟希望者の適正な判断に資するため、十分な情報が開示されていることが望ましい」との記載があります。

前述した小振法とは異なり、法的な義務ではありませんが、①商品等の供給条件（仕入先の推奨制度等）、②加盟者への事業活動上の指導、費用負担に関する事項、③加盟時に徴収する金銭に関する事項（性質、金額、返還の有無・条件）、④ロイヤリティに関する事項（金額、算定方法、徴収時期・方法）、⑤本部・加盟者間の決済方法のしくみ等に関する事項、⑥損失補償・経営不振時の支援に関する事項、⑦契約期間、契約更新、解除・中途解約時の条件・手続に関する事項、⑧テリトリー権（一定地域内で加盟者が独占的に営業することができる権利）に関する事項、といった①～⑧の事項を開示することが推奨されています。

(イ) 予想売上・予想収益の提示

フランチャイズ契約の勧誘にあたり、本部から加盟者に対し、契約期間中の予想売上や予想収益を提示することもありますが、ガイドラインにおいては、「これらの額を提示する場合には、類似した環境にある既存店舗の実績等根拠ある事実、合理的な算定方法等に基づくことが必要であり、また、本部は、加盟希望者に、これらの根拠となる事実、算定方法等を示す必要があ

る」とされています。

　予想売上・予想収益の提示は、開示を義務づけられている事項（小振法）でも、開示を推奨されている事項（独禁法）でもありません。しかし、これらの情報は、加盟者にとって、フランチャイズ契約の締結を検討するにあたり最も重要な情報といえるため、予想売上・予想収益の提示がなされない状況において、加盟者が契約の申込みをすることは通常考えられません。

　そのため、本部としては、予想売上等の開示を行う方向で準備を行い、その数値が適切かを、算定根拠を含め慎重に検討する必要があります。これは、Q41の「ぎまん的顧客誘引」との関係でも重要となります。なお、本部が提供した予想売上等が不適切であったとして、契約締結後に加盟者から本部に訴訟提起され、本部が敗訴した事案も複数あり、注意が必要です（詳細については、Q41等を参照してください）。

　⒂　ぎまん的顧客誘引

　独禁法は、事業者が「不公正な取引方法」を行うことを禁止しており（同法19条）、具体的な禁止行為の一つとして「ぎまん的顧客誘引」を禁止しています（同法２条９項６号、不公正な取引方法（昭和57年６月18日公正取引委員会告示第15号。以下、「一般指定」といいます）８項）。

　ガイドライン上、本部が、加盟者の募集にあたり、前記㈎①～⑧に掲げるような重要な事項について、「十分な開示を行わず、又は虚偽若しくは誇大な開示を行い、これらにより、実際のフランチャイズ・システムの内容よりも著しく優良又は有利であると誤認させ、競争者の顧客を自己と取引するように不当に誘引する場合」にはぎまん的顧客誘引に該当するとしています。

　具体的には、①提示された予想売上・予想収益の算定が不合理である（達成不能・達成困難な予想額を示す場合を含む）、②ロイヤリティの算定方法の説明が不足している、③客観的基準に基づかず、他社のフランチャイズ・システムより有利であるかのような説明をしている、④契約の中途解約時の高額な違約金につき説明をしていない、といった事項を総合考慮し、該当性を判

断すると定められています。

(2)　個別の契約条項・取引

契約書の内容や、具体的な取引次第では、独禁法が禁止する優越的地位の濫用（同法2条9項5号）、抱き合わせ販売等（一般指定10項）、拘束条件付取引（一般指定12項）、再販売価格の拘束（独禁法2条9項4号）に該当する可能性があります。

(ア)　優越的地位の濫用

ガイドライン上、「加盟者に対して取引上優越した地位……にある本部が、加盟者に対して、フランチャイズ・システムによる営業を的確に実施する限度を超えて、正常な商慣習に照らして不当に加盟者に不利益となるように取引の条件を設定し、若しくは変更し、又は取引を実施する場合」には、優越的地位の濫用に該当するとされています。そして、問題となる行為として、①取引先の制限、②仕入数量の強制、③見切り販売の制限、④フランチャイズ契約締結後の契約内容の変更、⑤契約終了後の競業禁止といった行為があげられています。

なお、ガイドライン上、本部が優越した地位にあるかを判断するにあたっては、「加盟者の本部に対する取引依存度（本部による経営指導等への依存度、商品及び原材料等の本部又は本部推奨先からの仕入割合等）、本部の市場における地位、加盟者の取引先の変更可能性（初期投資の額、中途解約権の有無及びその内容、違約金の有無及びその金額、契約期間等）、本部及び加盟者間の事業規模の格差等を総合的に考慮する」とされています。

また、⑥取扱商品・販売方法の制限の程度、設定された売上高の性質（義務的なものか、過大でないか等）、解約権の有無、解約時の違約金の額、契約期間の長短等の事情を踏まえ、フランチャイズ契約全体が優越的地位の濫用にあたると判断される場合もあり得ます。

(イ)　抱き合わせ販売等・拘束条件付取引

フランチャイズ契約の内容として、単にノウハウの提供にとどまらず、本

部や本部の指定する業者から商品の購入・仕入等を強制する場合、「抱き合わせ販売等」や「拘束条件付取引」に該当し、独禁法に違反する可能性があります（場合によっては、上記(ｱ)の優越的地位の濫用にもあたり得ます）。

　もっとも、商品の購入・仕入先等を指定することがすべて禁止されるわけではなく、ガイドライン上は、「行為者の地位、行為の範囲、相手方の数・規模、拘束の程度」や、「拘束の相手方の事業者間の競争に及ぼす効果、指定先の事業者間の競争に及ぼす効果等を総合勘案」し、該当性を判断するものと定められています。

(ｳ)　再販売価格の拘束

　本部が加盟者に商品を供給している場合に、加盟者の販売価格（再販売価格）を拘束することは、原則として、独禁法が禁止する「再販売価格の拘束」に該当することとなります。また、本部が加盟者に商品を直接供給していない場合であっても、地域市場の状況や、本部の販売価格への関与状況等を踏まえ、加盟者の営業を不当に拘束する場合には、「拘束条件付取引」に該当することとなります。

(3)　独禁法に違反した場合

　独禁法に違反した場合、本部は、公正取引委員会から、排除措置命令（同法20条）、課徴金の納付命令（同法20条の5・20条の6）を受ける可能性や、違反事実を公表される可能性（同法43条）があります。また、加盟者から差止請求（同法24条）、損害賠償請求（同法25条）を受ける可能性もあります。

③　民　法

(1)　公序良俗違反

　加盟者により著しく不利な契約条項は、民法の一般条項である公序良俗（同法90条）に反し、無効とされる可能性があります。

　Q41で解説しますが、特に、①契約期間中・契約期間終了後の競業を禁止する規定、②契約を中途解約する場合の解約金規定などは、本部・加盟店で

トラブルになるケースが多いため、注意が必要です。

(2)　保証人を設定する際の注意点

なお、フランチャイズ契約に固有の問題ではありませんが、契約にあたり、加盟者側に個人の保証人を設定する際は注意が必要です。

令和2年4月1日施行の改正民法により、令和2年4月1日以降に、個人を保証人とする根保証契約（取引から生じる不特定の債務を広く保証の内容とする契約）をする場合には、「極度額」（保証人が責任を負う限度額）を定めなければ、保証契約自体が無効となります（民法465条の2第2項）。

また、フランチャイズ契約締結時に、本部から加盟者に融資を行い、かかる融資の返還債務を含め、個人を保証人とする保証契約・根保証契約をするような場合には、原則として、保証人が、保証契約の締結日前1カ月以内に作成された公正証書で、保証債務を履行する意思があることを表示していなければ、保証契約自体が無効となります（民法465条の6）。ただし、加盟者である法人の代表者が保証人になる場合など、保証人となる者が主債務者（加盟者）と一定の関係性を有する場合（主債務者が法人の場合においては、その理事、取締役、執行役等が保証人になる場合（同法465条の9第1項）や、主債務者の総株主の議決権の過半数を有する株主が保証人になる場合等（同条2項）には、公正証書の作成は不要とされています。また、主債務者が個人事業主の場合においては、共同経営者または主債務者の事業に現に従事している配偶者（同条3項）が保証人になる場合には、公正証書の作成は不要）には、公正証書の作成は不要とされています（同法465条の9）。

Q41 飲食店におけるフランチャイズ契約③──予想売上の提示、中途解約、競業等よくあるトラブル

予想売上を加盟者に提示するにあたり、本部側として注意すべき点はあるんでしょうか。また、加盟者側が中途解約する場合の解約金を定めることや、契約終了後に、加盟者が競業行為を行うことを禁止することを予定していますが、問題があれば教えてください。

▶ ▷ ▶ Point

① 予想売上を提示する場合に、調査・算定方法が適切であるか十分な検討が必要です。

② 中途解約や競業禁止につき、高額な解約金・違約金を定める条項は、無効とされるリスクがあります。

1 予想売上等の提示（本部の情報提供義務）

(1) 本部が開示すべき情報

Q40で解説したとおり、予想売上・予想収益の提示は、開示を義務づけられている事項でも、開示を推奨されている事項でもありませんが、これらの情報は、加盟者にとって、フランチャイズ契約の締結を検討するにあたり最も重要な情報であるため、フランチャイズ契約を募集する段階で、避けては通れない事項です。

そして、予想売上等を提示する場合には、「類似した環境にある既存店舗の実績等根拠ある事実、合理的な算定方法等に基づくことが必要であり、また、本部は、加盟希望者に、これらの根拠となる事実、算定方法等を示す必要」があります（公正取引委員会ホームページ「フランチャイズ・システムに関

185

する独占禁止法上の考え方」参照）。裁判例においても、本部は、加盟者の募集にあたり、「契約締結に当たっての客観的な判断材料になる正確な情報を提供する信義則上の義務を負っている」と判断されています（京都地裁平成3年10月1日判決・判時1413号102頁（他の多数の裁判例も同旨））。

　予想売上等はあくまでも「予想」に過ぎず、本部が提示した「予想」と実際の売上とで相違が生じることも当然です。そのため、「予想が外れた」という結果のみを理由とし、いわば結果責任のような形で、本部が損害賠償等の責任を負うことはありません。しかし、数値算定の前提となる調査自体が不十分である場合（調査の不十分性）や、算定・予想自体が不合理である場合（算定過程の不合理性）、既存加盟者の営業実態を開示せず、実態にそぐわない予想売上を提示した場合（不十分・不適切な情報開示）などには、本部が適切な情報を提供していないこと等を理由とし、加盟者より損害賠償請求（民法1条2項・709条。場合によっては独禁法25条）を受ける可能性があります。

(2)　裁判例の傾向

　予想売上等の情報提供が適切であったかが争点となった裁判例は多数存在しており、本部の責任を認めたものも、責任を否定したものも、いずれも多くあります。

　責任を認めた裁判例として、パンの製造販売に関するフランチャイズ契約の事案において、①本部が設定した入店率の算定根拠が不合理であること（他店に比して学生の入店率がかなり高く見積もられていたが、合理的根拠が明らかでない）、②競合店の存在およびこれに対する対策が十分に検討されていたか疑問があるといった事情を指摘したうえで、「本件店舗の売上高の予測に際してかなり楽観的ないし強気の見通しを立てたことは否定できない」にもかかわらず「需要予測調査のデータの正確さ、市場調査の信頼性を過度に強調し、他方、市場調査における売上予測の限界やフランチャイズ・チェーン店の経営のリスク等についての十分な説明を行っていなかったものと推認

される」として、適切な情報を提供すべき信義則上の義務を本部側が怠ったことを理由に、加盟者から本部への損害賠償請求を認めた裁判例があります（前掲京都地裁平成3年10月1日判決）。なお、独禁法の禁止する「ぎまん的顧客取引」にあたるか否かも争点となりましたが、予想に誤りがないと断定したり、必ず一定の利益が得られることを保証したりしたことまでは（証拠上）認められないことから、ぎまん的顧客取引にはあたらないと判断されています。

　ただし、情報提供義務違反が認められる場合でも、加盟者側の落ち度も考慮して、相当な率の過失相殺を行い、賠償額の減額を行っている裁判例が多くみられます。たとえば、上記裁判例においても、①提供された情報を検討し、親族の意見も聞いたうえで自らフランチャイズ契約を決断した点、②経営上の工夫が欠如している点、③資金繰りの状況を本部に十分に説明しておらず、本部側の適切な指導・援助が困難であった点等を考慮し、加盟者につき7割の過失を認定し、賠償額を減額しています。

(3)　本部として注意すべきこと

　本部としては、予想売上等を提示する場合には、調査を十分に尽くしたか、算定方法が合理的か（やや保守的に算定を行うことが望ましいと考えます）を、入念に検討する必要があります。また、加盟者に説明を行う際には、あくまでも売上の「予想」であり、売上を保証するものではないことを口頭・書面で説明すること、加盟者からの質問には真摯に回答し、即答できない質問は確認したうえで回答することが重要となります。さらに、実際の売上予想と大幅な相違が生じた場合には、本部側から契約内容（ロイヤリティの額等）の見直しを提案する、積極的な援助を行う、といった対応により、加盟者とトラブルになるリスクを（事実上）減らすことが可能です。

2　中途解約時の解約金

(1)　中途解約時の解約金条項の内容

　フランチャイズ契約においては、契約不履行時（ロイヤリティの不払い等）の解除とは別に、本部または加盟者側からの中途解約を認める条項を設定することが多くあります。しかし、加盟者が無制限に中途解約できるとすれば、本部としては、初期投資等を行っているにもかかわらず、解約後のロイヤリティを回収することができなくなる等、投下資本を回収することができなくなるため、解約時の解約金（解約一時金）を定めるなど、一定の負担を加盟者に課すことが通常です。

　ただし、設定された解約金が極めて高い金額である場合、加盟者が解約を希望していたとしても、解約金が支払えないという理由で解約を断念せざるを得ないこととなり、加盟者により大きな負担となります。そのため、高額な解約金を設定する条項（特に加盟者にのみ高額な解約金を定める条項）は、公序良俗に反し無効とされるリスクがあります。

(2)　裁判例の傾向

　たとえば、コンビニのフランチャイズ契約の事案において、①設定された解約金の金額（開店から5年以内は8カ月分相当額のロイヤリティ、5年以降経過している場合には4カ月相当額のロイヤリティ）、②加盟者からの解約の場合だけでなく、本部からの解約の場合にも等しく解約金が発生する内容であったこと等を考慮し、中途解約時の解約金を定めた条項は公序良俗に反しないと判断した裁判例があります（東京地裁平成26年8月29日判決・判例集未登載）。

　他方、クリーニング業のフランチャイズ契約の事案において、「加盟者からの中途解約の場合、500万円を下限として解約一時金を支払わなければならない」という旨の条項につき、①当初のフランチャイズ契約においては解約一時金の条項はなく、翌年に新たに締結した契約書で初めて条項が設定されたものの、その時点で契約書の締結を加盟者が拒むことは困難であったこ

と、②契約書の各条項につき、本部から説明がされていなかったこと、③上限金額の定めがないこともあり、加盟者からの契約終了を著しく困難にしていること、④従前は特段の事情がない限り、解約一時金の支払いが免除されていたが、今回、加盟者は、契約・業務とは直接関係のない理由で免除しないこととされたのが明らかであること等の事情を考慮し、解約一時金の支払いを定める条項は公序良俗に反し無効と判断した裁判例もあります（東京高裁平成7年2月27日判決・判時1591号22頁）。ただし、同裁判例は、特に前記①、④という特殊な事情が考慮され、公序良俗違反という判断に至ったという印象を受けます。

③　競業行為の禁止

(1)　競業禁止条項の内容

　フランチャイズ契約においては、契約期間中のみならず、契約期間満了後においても、一定期間、加盟者が本部の事業と同種の事業を営むことを禁止する旨の条項（競業禁止条項などと呼ばれます）を設定することが多くあります。また、競業禁止条項を定める場合には、かかる条項に反し、加盟者が競業行為を行った場合の違約金についてもあわせて定められるのが通常です。

　本部としては、提供したノウハウの流出防止や、本部の商圏や顧客を確保する目的等から、このような競業禁止条項・違約金条項を定めたいところです。しかし、特に契約期間終了後の競業行為の禁止は、加盟者の営業の自由（憲法22条1項）を制限することとなります。

　そのため、競業禁止条項は無制限に認められるわけではなく、フランチャイズ契約書にこれらの条項を定め、加盟者がこれに同意した（契約を締結した）場合であっても、内容次第では、民法の一般原則である公序良俗（同法90条）に反するとして、個別の条項が無効とされてしまうリスクがあります。また、場合によっては、Q40で解説したとおり、独禁法が禁止する「優越的地位の濫用」（同法2条9項5号）に該当する可能性もあります。

(2)　裁判例の傾向

　問題となった裁判例をみるに、競業禁止条項の有効性は、当該条項を設定した目的、競業行為が禁止される期間・範囲、禁止される行為の種類、違約金条項の有無、契約終了に至った事情等を総合考慮して判断されています。

　たとえば、弁当宅配事業のフランチャイズ契約の事案において、「契約の有効期間及び同契約終了後5年間は、当チェーンの事業の経営、出資、従事等はしてはならない」との競業禁止条項につき、①経営ノウハウを保護するという目的、②期間・業種の限定があること、③条項上は地域的限定がないものの、訴訟においては区域が限定（店舗と同一の場所および同県内）されて営業の差止請求がなされていること、④違反した場合における違約金の定めがないこと等を考慮し、公序良俗に反しないとした裁判例（大阪地裁平成22年5月27日判決・判時2088号103頁）があります。また、居宅用建物清掃サービスのフランチャイズ契約の事案において、「加盟店は、本件契約の終了後2年間、居住用建物の清掃を主な内容とする清掃サービスを提供する本件事業と同種の事業を自ら営み、又は第三者に営ませてはならない……違反したときは、本部は、加盟店に対し、ロイヤリティー月額の40倍の違約金を請求することができる」という競業禁止条項・違約金条項につき、①本部のノウハウ、商圏保護という目的、②期間が限定されていること、③訴訟において地域が限定（浜松市内）されて差止請求がなされていること等を考慮し、いずれも公序良俗に反しないとした裁判例（東京地裁平成30年10月26日判決・判例集未登載）があります。

　他方、派遣事業にかかるフランチャイズ契約の事案において、「契約期間終了後2年間は本部の事業と同種又は類似の事業を営んではならない」旨の競業禁止条項につき、①本部が事業を営んでいた地域において、本部の商圏が成立していたとはいえないこと、②本部より提供された営業ノウハウは秘密性・有用性を欠き、保護の程度はごくわずかであること、③契約終了に至る原因につき、本部側の事情が多分に寄与していること等を考慮し、加盟者

が競業禁止により被る不利益が社会通念上是認しがたい程度に達しているため、公序良俗に反し無効と判断した裁判例（東京地裁平成21年3月9日判決・判時2037号35頁）もあります。

　なお、競業禁止条項自体が有効とされる場合であっても、設定された違約金の額が高額すぎるとして、違約金の請求額が一部に制限している（条項の一部が公序良俗に反し無効とされた）裁判例もあります。たとえば、学習塾のフランチャイズ契約において、本部・加盟者とで契約を合意解約する際に合意解約後2年間は契約上の教室所在地と同一県内において、学習塾、その他本部と類似の業種の経営をしてはならないとして、違反した場合には、違約罰として、「金1000万円を支払う」との条項を記載した合意解約書を取り交わした事案につき、競業禁止の合意自体は有効であるものの、①2年間の競業禁止期間で加盟者が得られたであろう営業利益の額は最低でも192万円であること、②本部より開示されたノウハウの内容、③合意解約時に本部より保証金70万円の返金を加盟者が受けていること等を考慮し、違約金1000万円のうち、合理性を有する額は400万円であり、これを超える部分は高額にすぎるため、公序良俗に反し無効とした裁判例（東京地裁平成21年11月18日判決・判タ1326号224頁）があります。

Q42 想定されるリスクを防ぐための保険

飲食店を経営するうえで、どのような保険に加入しておいたほうが
よいのか教えてください。

▶ ▷ ▶ Point

① **想定されるリスクから逆算して、どの保険に加入するかを検討してください。**

② **労務トラブルに備え、労災上乗せ保険の加入も検討しましょう。**

1 飲食店を経営するうえで想定されるリスク

(1) お客様とのトラブル

たとえば、店舗で食中毒トラブルが発生してしまった場合や、店舗の床が
濡れていたためお客様が転倒し、ケガをしてしまった場合、店員の配膳ミス
により、コーヒーをこぼしてしまい、お客様にやけどを負わせてしまった場
合など、会社側の過失により、お客様に損害を負わせてしまう可能性があり
ます。このような場合、お客様から損害賠償請求を受けるリスクがありま
す。

(2) オーナーとのトラブル

火を利用する飲食店においては、店舗で火災・爆発事故が発生する可能性
があり、ビルのオーナーから、損害賠償請求を受けるリスクもあります。水
漏れについても同様です。

(3) 労務トラブル

さらに、労務トラブルから生じうるリスクもあります。店舗内の爆発事故
により従業員がケガをした場合や、過重労働が理由で従業員が亡くなった場

合（自殺・心疾患・脳疾患等）など、従業員から損害賠償請求を受けるリスクがあります。従業員の負傷・死亡がいわゆる労災事故と認定されれば、労災保険から一定程度支払がなされますが、支払われる範囲は限定的であるため、会社が多額の支払義務を負う事案も散見されます。

2 保険の内容

(1) 食中毒トラブルに備える保険

保険会社により名称は異なりますが、食中毒トラブルに備える保険としては、生産物賠償責任保険（PL保険とも呼ばれます）があげられます。なお、食中毒トラブルだけでなく、提供した飲食物に異物（ガラス等）が混入していたため、お客様がケガをしたような場合であっても、この保険により補償されるのが通常です。

(2) 施設利用・従業員のミスに伴うトラブルに備える保険

店舗等の施設利用や、従業員のミスに伴うトラブルに備える保険としては、施設賠償責任保険があげられます。前記1のような事故類型（店舗の床が濡れていたためにお客様が転倒してしまった場合や店員の配膳ミスによりお客様にやけどを負わせてしまった場合等）は補償の対象になりますし、従業員が自転車で商品を配達している際に歩行者と衝突事故を起こしてしまった場合等も、補償の対象となるのが一般的です。

(3) 火災に備える保険

通常の火災保険では、自社が被った損害しか補償されませんが、多くの火災保険では特約で、オーナーからの賠償請求についても、補償の対象とすることが可能です（借家人賠償責任保険などと呼ばれます）。通常、この保険に加入することが、賃貸借契約を締結する条件とされているため、大半の飲食店においては、賃貸借契約時に加入しているものと思われますが、念のため、保険内容を確認することをおすすめします。

⑷ **労務トラブルに備える保険**

　労災事故に備える保険としては、労災上乗せ保険（名称は保険会社により
さまざまです）と呼ばれる保険があります。これは、労働災害が発生した場
合に、労災保険で賄えない賠償金（慰謝料、休業損害・逸失利益の一部等）を
補填してくれる保険です。過労死・過労自殺の場合も、補償の対象に含まれ
ていることが多いですが、こちらも念のため、どのような場合に保険金が下
りるのか、保険内容を確認することをおすすめします。

⑸ **その他**

　現在は、飲食店向けに、上記の各保険を組み合わせ、パッケージ化した保
険も販売されています。また、食中毒・火災等が発生した際の休業リスクに
備えた保険（店舗休業時に一定額が支払われる保険）も充実しています。一
度、現在加入している保険内容を把握し、補償内容が不十分でないか、見直
しすることをおすすめします。

Q43　取引先と契約する場合の注意点

　取引先（仕入先等）と契約をする際、どのような点に注意すればよいか教えてください。

▶ ▶ ▶ Point
①　**基本契約書は必ず取り交わし、納品時期や返品等につき、明確な取決めをしましょう。**
② **すでに取り交わした契約書がある場合でも、改正民法に対応しているかを確認してください。**

1　取引基本契約書の持つ意義

　特定の卸売業者から定期的に食材を仕入れている飲食店は多いですが、契約書の取り交わしを行っていないことも多く、納品時期や返品対応を巡り、トラブルになることがあります。

　このような事態を避けるためには、当事者間で、取引基本契約書を取り交わす必要があります。取引基本契約書（以下、「基本契約書」といいます）とは、仕入れに関する契約のように、当事者間で複数回・定期的な契約を行うことが予定されている場合に、個別の取引に共通する基本的なルールを定めた契約書です。この契約書を取り交わしておけば、個別の契約（以下、「個別契約」といいます）につき契約書がなくとも、基本契約書に定めたルールが適用されることとなるため、トラブルを防止することができます。

2　基本契約書において定めるべき内容

　以下、基本契約書において定めるべき内容を、項目ごとに簡単に解説しま

す。

(1)　契約の目的

基本契約書は、当事者間の継続的な（売買）契約に関する基本的事項を定めるために作成するものであるため、このような目的を記載するのが一般的です。

(2)　基本契約書が適用される範囲

取引先とのすべての契約に適用されることを前提に基本契約書を取り交わす場合には、「契約期間中の当事者間の全ての契約に適用される」ことを記載します。ただし、「個別契約において、本契約と異なる内容を定めた場合は、個別契約の定めが優先される」旨を記載し、基本契約書とは異なる定めができる余地を残します。

(3)　個別契約の成立時期

どの時点で個別契約が成立するかを記載します。たとえば、「個別契約は、買主が売主に対し、商品名、種類、数量、単価、価格、納期、納品場所その他必要な事項を記載した注文書を送付し、売主がこれを承諾したときに成立する」などと定めます。一定期間内に売主から回答（承諾）がない場合の処理も定めるのが通常です。

(4)　商品の納品、検査方法

商品の納品方法や、納品後の検査方法について定めます。検査の結果、不合格となった場合や、数量が不足していた場合の処理（代替品の引渡し、不足分の引渡し、代金減額等）も定めます。

(5)　所有権の移転・危険負担

目的物の所有権の移転時期（納品時に移転するか、検査完了時に移転するか等）や、商品が不可抗力により滅失・棄損してしまった場合の危険負担（代金請求権が発生する場合の取決め）について定めます。納品前の不可抗力による滅失・棄損は売主負担（代金請求権は発生しない）、納品後の不可抗力による滅失・棄損は買主負担（代金請求権が発生する）というように、納品の前

後で危険負担を分けることもあれば、検査完了の前後や、代金支払の前後で危険負担を分けることもあります。

(6)　代金の支払時期

たとえば、1カ月の間に複数回取引を行うことが想定される場合には、毎月の締日を定め、「1カ月分の代金総額を翌月○日までに支払う」と定めることも多くあります。また、振込手数料をどちらが負担するかについても、念のため記載します（買主の負担と定めることが通常です）。

(7)　品質保証・品質管理

一定以上の品質があることを契約の内容とする場合、売主の品質保証を定めることがあります。また、食品という目的物の性質上、品質管理が非常に重要であるため、適切な品質管理を行っている旨、売主に保証してもらうこともあります。

(8)　契約不適合責任

(ア)　はじめに

当事者間の契約内容に適合しない（一致しない）目的物が納品された場合の処理を定めるものです。たとえば、「A5ランクの牛肉を1kg」を納品してもらう約束をしていたものの、「豚肉」が届いた場合（種類の不一致）や、「A3ランクの牛肉1kg」が届いた場合（品質の不一致・不足）や、計量したら800gしかなかった場合（数量の不足）などは、この「契約不適合」の問題となります。

(イ)　改正民法による変更点

改正前の民法においては「瑕疵」という文言（瑕疵担保責任）が用いられていましたが、令和2年4月1日より施行された改正民法により、「契約の内容に適合しない」（民法562条1項）という文言（契約不適合責任）に改められ、また内容面も大幅に変更となりました。

すでに基本契約書を取り交わしている場合でも、契約書に「瑕疵」という単語が用いられているような場合には、改正民法に対応した契約書を新たに

作成する必要がありますので、一度、自社の契約書を確認することをおすすめします。

　主な変更点としては、①不特定物にも適用されることとなった点、②買主側に、目的物の修補・代替物の引渡し・不足分の引渡しといった追完請求（民法562条）や、代金減額請求（同法563条）を認めている点、③解除・損害賠償請求にあたり、買主の善意・無過失が不要となった点（同法564条）、④履行利益も損害賠償請求の範囲に含まれるようになった点、⑤権利行使の期間制限が買主にとって有利となった点（同法566条）があげられますが、これらは強行規定ではないため、当事者間の合意により内容を変更することが可能です。

⑼　製造物責任

　目的物である加工食品に欠陥（異物混入・細菌の混入等）があり、これを提供してしまったことにより、買主（飲食店）がお客様より賠償請求をされる可能性があります。そのため、買主側としては、目的物に欠陥があり、これにより第三者に損害が発生した場合の処理を定めたいところです。

　たとえば、「売主は、目的物の欠陥につき売主に故意又は過失があり、当該欠陥に起因して、買主又は第三者に損害が生じた場合には、その損害を賠償する」等と定めることが多いです（売主の故意・過失を不要とすれば、より買主に有利になります）。

⑽　その他の一般条項

　その他、一般的な条項として、①契約の有効期間、②契約の解除事由、③契約終了後の措置、④守秘義務・秘密保持、⑤反社会的勢力の排除、⑥合意管轄などがあげられます。

Q44　仕入先・取引先が破産した場合の対応

酒屋からドリンクなどを仕入れていますが、先日、その酒屋が破産しました。まだ、代金を支払っていないワインを大量に納品してもらっていますが、このワインはお客様にその後も提供して大丈夫か教えてください（事案①）。

商品を発注し、代金全額を前払いしたものの、納品されないまま仕入先が破産した場合、商品は引き渡してもらえるのか教えてください（事案②）。

▶▶▶ Point
① 破産手続の一般的な流れを把握して、慌てないようにしましょう。
② 仕入れた商品を提供してよいかは、契約内容により異なりますが、代金を支払ったうえで商品を提供することは問題ありません。
③ 代金全額を前払いしている場合、原則として商品の引渡しを受けることはできません。

1　破産手続の流れ

前提として、破産手続の一般的な流れを下記に記載します（会社が弁護士に破産を依頼したケースを想定しています）。

① 破産手続の依頼・契約
会社代表者が弁護士に破産の依頼を行い、委任契約を締結します。
② 債権者への受任通知
依頼を受けた弁護士が、各債権者に対し、受任通知（代理人として

選任されたこと、破産手続を予定していること、債権額の届出を行って欲しいこと等を記載した書面）を送付します。

ただし、現在も営業している会社の破産においては、事前に通知を送付しないまま、裁判所への申立て（③）を行うケースが多くあり、裁判所からの書面（④）により、取引先（債務者）が破産したことを初めて知ることも珍しくありません。

③　破産手続開始決定の申立て

依頼を受けた弁護士は、書類等の準備ができ次第、管轄する裁判所に破産手続の開始決定の申立てを行います。

④　破産手続開始決定・破産管財人の選任

裁判所にて審査を行い、債務者（会社）が支払不能または債務超過状態にあると判断した場合には、破産手続の開始決定がなされるとともに、財産の管理・処分や債権者対応を行う専門家として、破産管財人（弁護士）が選任されます。

なお、申立てを行った弁護士とは別の弁護士が管財人として選任されます。また、破産手続の開始決定がなされた場合、各債権者に対し、裁判所から書面（破産手続開始通知書というタイトルの書面）が送付されます。

⑤　債権届出・財産の換価処分・債権回収等

債権者は、裁判所から届いた書面にのっとり、破産管財人に対し、債権の届出をします。

具体的には、債権の発生原因（どのような契約等により生じた債権か）、債権額等を書面により申告することとなります。

破産管財人は、債務者の財産の換価処分、債権回収等を行います。

⑥　債権者集会

裁判所において、債権者集会（債権者への報告・意見聴取の手続）が開催されます。

債務者に十分な財産がない等、債権者に財産を分配（配当）できない場合には、手続終了となります（異時廃止といいます）。

なお、債権者集会に出席する債権者は少なく、債権者が一人も出席しないことも珍しくありません。

⑦　配当手続

債務者への配当が可能な場合には、破産管財人により債権者に対し、配当が行われ、配当が終了した時点で手続終了となります。

2　事案①

裁判所より破産手続の開始決定がなされた時点（前記④の時点）で、破産者の財産（破産財団）の管理処分権は、選任された破産管財人（弁護士）に専属することとなります（破産法78条1項）。

(1)　契約書上の取決めがない場合等

まず、当事者間で契約書の取り交わしを行っていない場合や、契約書上、ワインの所有権の移転時期につき定めがない場合（または引渡しにより所有権が移転する旨の定めがある場合）には、すでにワインの所有権は買主に移転しているため、ワインは「破産者の財産」にあたりません。

そのため、ワインをお客様に提供しても問題はありません。

なお、当然ですが、未払いとなっている代金は破産管財人に支払う必要があります。

(2)　契約書上で所有権留保の合意がある場合

他方、契約書において、「代金を完済するまではワインの所有権を売主に留保する」旨の定めがある場合には、代金が完済するまでの間、ワインの所有権は売主である破産者に残っているため、当該ワインは「破産者の財産」と扱われます。

そのため、代金の支払いが未了の段階で、ワインをお客様に提供すること

は、法的に問題があります。この場合、破産管財人に連絡を行い、代金を支払った（所有権が移転した）うえで、ワインをお客様に提供すべきということになります。

ただし、代金支払前にワインを提供してしまったとしても、破産管財人に速やかに代金の支払いが行われれば、（事実上）問題にはならないのが通常です。

3　事案②

この場合、買主は、残念ながら商品の引渡しを受けることはできません。

まず、買主は売主（破産者）に対し、売買契約に基づき、目的物であるワインを自己に引き渡すよう、請求する権利を有しています。しかし、この請求権は、一般の破産債権として行使することができるものにすぎず、優先権がないため、他の債権者に優先して、ワインの引渡しを受けることはできません。

また、売買契約が成立した時点ですでにワインの所有権が買主に移転しているとして、所有権に基づき引渡請求を行うことも考えられます。しかし、ワインを含む、動産を譲渡する場合の第三者への対抗要件は「引渡し」（民法178条）となっています。そのため、ワインの引渡しを受けていない買主は、第三者である破産管財人に所有権の移転を対抗することができません。そのため、所有権に基づく引渡請求も、基本的には認められないこととなります。ただし、理屈上は、代金を全額支払った時点において、売主から占有改定（同法183条）により引渡しを受けていたとして、対抗要件の具備を主張するという余地は考えられます。

買主側としては、このような事態を回避するため、代金はワインの引渡しと同時払いまたは後払いとするという対応が必要になります。

なお、破産管財人としても、破産者の財産をできるだけ早く換価処分したいと考えているため、破産管財人に購入の意向を伝えれば、当該ワインを購

入できる可能性はあります。ただし、新たな売買契約を破産管財人との間で締結することとなるため、破産管財人に対し、別途代金を支払う必要があります。

Q45　食材が入らず休業に追い込まれた場合の対応

> 　取引先の業者から、毎日決まった時間に決まった量の、決まったランクの牛肉を仕入れているのですが、当日、その業者の都合で牛肉が全く納品されませんでした。そのため、予約が入っていたお客様に連絡し、その日は1日店を閉めました。この場合、取引先に何か請求することができるのか教えてください。

▶ ▷ ▶ Point

① **取引先に請求できるか否かは、合意内容・契約内容により異なります。**

② **トラブル防止のため、契約書の取り交わしが重要です。**

1　はじめに

　取引先への請求を検討するにあたり、まずは、契約当事者間でどのような合意があったか、という点が重要になります。すなわち、「毎日決まった時間に決まった量の、決まったランクの牛肉」を納品することが、取引先（売主）の契約上の義務となっていれば、契約違反を理由とする損害賠償請求の余地があります。

　他方、かかる納品が契約上の義務とまでは言えない場合には、契約違反は認められず、損害賠償請求が難しいこととなります。たとえば、売主側からは、「毎日牛肉を納品する保証まではしておらず、種々の事情により、納品がされないことも当然ある」などと反論される可能性があります。

　当事者間の合意内容を裏づける証拠としては、やはり契約書が最も強いです。契約書がない場合であっても、メールやFAX等のやりとりの履歴等から、当事者間の合意を証明できることもありますが、容易ではありません。

　質問のように、当事者間で複数回・定期的な契約を行うことが予定されている場合には、トラブル防止のため、取引基本契約書（Q43等参照）を取り交わすことをおすすめします。

② 請求の根拠、請求内容

　たとえば、取引基本契約書または個別契約（個別の注文）において、「毎日〇時までに〇ランクの牛肉を納品する」「注文を受けた翌日の〇時までに〇ランクの牛肉を納品する」といった定めがあるなど、納期が明確に決まっている場合には、納期に間に合わなかったことを理由に、取引先に対し、債務不履行に基づく損害賠償請求（民法415条1項・2項1号）をすることが可能です。

　この場合、取引先に請求できる損害としては、①すでに牛肉の代金を支払っている場合には、当該代金に加え、②店舗を閉めたことによる営業損害があげられます。①が賠償の範囲に含まれることはもちろんです。②についても、買主が飲食店であることや、当事者の合意内容（毎日決まった時間に、決まった量の、決まったランクの牛肉の納品を行う旨の合意）からすると、売主からの納品がなされなかった場合に、当日の営業ができず、店舗を閉めなければならないことも、珍しい事態ではありません。そのため、かかる営業損害は、「通常生ずべき損害」（民法416条1項）にあたるか、少なくとも、発注を受けていた取引先においては、このような事態を「予見すべきであった」（同条2項）といえ、損害の範囲に含まれると考えることができます。

　ただし、代替品を用意すること等により、営業を行うことが可能であった場合には、営業損害の一部が認められない可能性もあります。実際にこのような納品トラブルが発生した場合に、当日、店舗を閉めるべきかは、食品・料理の代替可能性を含め、慎重に検討する必要があります。お客様とのトラブル防止の観点からも、まずは予約の入っていたお客様に連絡をし、事情を説明したうえで、代わりの料理を提供する（あるいは料金の一部を減額する）

といった対応等でご了承いただけないかを確認することをおすすめします。

　なお、牛肉の納品ができなかったことが、「債務者の責めに帰することができない事由による」場合、すなわち取引先に責められるべき事情がない場合には、上記賠償義務は認められないこととなります（民法415条1項ただし書）。この「責めに帰することができない事由」については、そのような帰責事由がないことを、取引先（債務者）側で主張・立証する必要があります。たとえば、想定できないような大震災が発生し、交通手段が遮断されてしまったため、牛肉を納品できなかったような場合には、取引先に帰責事由があるとはいえないため、買主からの損害賠償請求が認められないこととなります。

第6章

従業員に関する相談

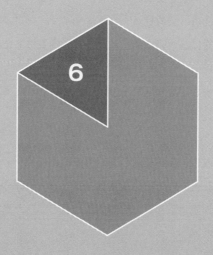

6

Q46 従業員の募集

> 従業員（正社員・アルバイト問わず）を新たに募集しようと考えています。募集要項など何か注意すべきことがあれば教えてください。

▶▶▶ Point

① 正社員、契約社員、パートタイマー・アルバイトなどの呼称を問わず、労働基準法上の「労働者」にあたります。

② 採用にあたっては労働条件を明示しなければなりませんが、募集広告に記載した時給より低い時給で雇用することも一応は可能です。

③ 従業員に賃金とは別に報酬を与える場合は注意が必要です。

1 労働者

　労働基準法上、労働者とは、「職業の種類を問わず、事業又は事務所……に使用される者で、賃金を支払われる者」をいいます（同法9条）。

　したがって、正社員、契約社員、パートタイマー・アルバイトなどの呼称を問わず、雇用契約に基づいて働く者は皆、労働者にあたります。

　労働者にあたる以上、労働基準法、労働契約法といった使用者と労働者間の法律関係を規律する法令の適用を受けることになります。

　なお、労働者の種類は以下のとおりです。

(1) 正社員

　正社員とは、一般に、雇用契約の期間の定めがなく、労働時間や勤務地なども会社が決定をした条件で働く従業員を指します。昨今では、働き方の多様化に伴い、勤務地限定正社員、短時間正社員といった形態も生まれています。

(2)　契約社員

契約社員とは、個別に取り決められた労働条件で働く従業員のことです。正社員が就業規則など統一の給与体系等に統べられるのに対し、契約社員は個人ごとに雇用契約の内容を柔軟に決めることができます。たとえば、雇用契約の期間が１年と決まっていたり、賞与（ボーナス）や退職金の条件が正社員と異なっていたりといったケースが多くあります。契約社員というと、１年更新など雇用契約の期間に定めがある社員というイメージがありますが、そうとは限りません。

(3)　パートタイマー・アルバイト

パートタイマー（単に「パート」とも呼称されます）とは、時間単位で働く従業員です。通常は賃金は時給とされますが、そうしなければならないわけではありません。パートタイマーとアルバイトとは、法律上の明確な区別があるわけでなく、あいまいなところです。強いていえば、アルバイトとは時給で働く従業員で、パートタイマーはアルバイトの中でも曜日や日時を指定して働く従業員という形で使い分けられることが多いといえます。

2　労働条件の明示

労働者の採用にあたっては、労働条件を明示しなければなりません（労働基準法15条）。

具体的には、以下の労働条件を明らかにした書面を交付することが義務づけられています（労働基準法施行規則５条１号〜４号の１、厚生労働省令）。

①　労働契約の期間

②　就業場所、業務内容

③　始業・終業時刻、残業の有無、休憩時間、休日、休暇、就業時転換（交替制勤務のローテーション）

④　賃金の決定、計算・支払いの方法、締切、支払いの時期

⑤　退職に関する事項（解雇の事由を含む）

　なお、使用者と労働者が労働契約を結ぶ場合に、使用者が、合理的な内容の就業規則を、労働者に周知させていた場合には、就業規則で定める労働条件が労働者の労働条件になります（労働契約法7条）。

　このうち、飲食店においては③始業・終業時刻の記載には特に注意が必要です。季節や時期によっては労働時間が延びたり短くなったりすることがあるからです。その場合には、「業務の都合により労働時間を延長または短縮することがあります」などと添え書きをすることが必要です。

　また、正社員以外の雇用においては、雇用期間更新の際、営業の状況や本人の勤務成績等を勘案して賃金の増減などの労働条件の変更があることを明記しておきましょう。

　さらに、パートタイマーや有期雇用労働者などの「短時間労働者」の雇用にあたっては、①昇給の有無、②退職手当の有無、③賞与の有無、④相談窓口の有無についても文書（雇用通知書、労働条件通知書等）で提示するよう求められています（パートタイム・有期雇用労働法）。実際に「短時間労働者」に該当するか否かは複雑な基準がありますので、専門家へのご相談をおすすめします。

　なお、以下の各事項については、使用者がこれらに関する定めをする場合にのみ明示が必要であり、かつ口頭の明示で足ります（労働基準法施行規則5条4号の2〜4号の11）。

① 退職手当の定めが適用される労働者の範囲、退職手当の決定、計算および支払いの方法並びに退職手当の支払いの時期に関する事項

② 臨時に支払われる賃金（退職手当を除く）、賞与および労働基準法施行規則8条各号に掲げる賃金並びに最低賃金額に関する事項

③ 労働者に負担させるべき食費、作業用品その他に関する事項

④ 安全および衛生に関する事項

⑤ 職業訓練に関する事項

⑥ 災害補償および業務外の傷病扶助に関する事項

⑦　表彰および制裁に関する事項

⑧　休職に関する事項

3　募集広告に記載した時給より低い時給で雇用することの可否

では、募集広告や求職票・求人票に「時給1000円」としておきながら、面接時に「時給800円」であると説明して雇用することはできるでしょうか。

この点、裁判例では、「求人票に記載された基本給額は『見込額』で」あるとして、使用者＝経営者としては募集広告などの記載に拘束されないとされました（東京高裁昭和58年12月19日判決・労民集34巻5・6号924頁）。したがって、採用時にあらためて賃金額を提示することも可能ではあります。

しかし、募集広告と異なることが十分に説明されなければ、後のトラブルは必至といえますので、もし異なる時給での採用を試みるのであれば、その旨の合意を書面で明確にしておく必要があるといえます。

4　報酬の原則禁止

募集をしてもなかなか人が集まらない場合に、現在勤務している労働者に知人・友人などを紹介してもらい、採用に至った場合には紹介料を支払うという「職員紹介制度」は、学生時代や前職における横のつながりにより人材を効率的に確保しやすいという点から、一定の効果が期待できます。

しかし、職業安定法40条は、「労働者の募集を行う者は、その被用者で当該労働者の募集に従事するもの又は募集受託者に対し、賃金、給料その他これらに準ずるものを支払う場合……を除き、報酬を与えてはならない」として、賃金とは別に報酬を与えることを原則として禁止しています。

遍く多数人に雇用機会を与えようという趣旨に基づく規定ではありますが、「賃金……に準じるもの」の支払いは禁じられていない（いわゆるインセンティブ報酬など）ので、具体的に制度採用にあたっては、弁護士や社会保険労務士などにご相談されることをおすすめします。

Q47　従業員の採用面接

好条件で従業員を募集したところ、応募が殺到しました。従業員（正社員・アルバイト問わず）の採用面接にあたって、何か注意すべきことがあれば教えてください。

▶ ▶ ▶ Point

① 採用にあたっての質問事項には法律上制限があります。

② 履歴書の提出はしっかりと求めるべきです。

③ 雇用にあたっては、男女の別や年齢について差別・区別することなく、均等な機会を与えなければいけません。

1 質問の制限

パートタイマー・アルバイトの採用にあたっては、店舗の営業時間、営業内容や雰囲気などにふさわしい人物を雇用するために、経歴や学歴などはもとより、家族構成や場合によっては配偶者の職業など、採用に際してはいろいろと質問したいことがあるでしょう。

しかし、業務に無関係な質問や、雇用にあたり必要のない情報についての質問は、応募者個人のプライバシー権を侵害するおそれがあります。

職業安定法5条の4本文では、その趣旨を反映し、労働者の募集を行う者らは、「その業務の目的の達成に必要な範囲内で求職者等の個人情報を収集し、並びに当該収集の目的の範囲内でこれを保管し、及び使用しなければならない」と規定しています。同趣旨の規定は、個人情報保護法、男女雇用機会均等法にも定められています。

職業安定法5条の4ただし書には、「ただし、本人の同意がある場合その

他正当な事由がある場合は、この限りでない」と定められていますが、このような場合は稀といえますので、業務上の必要がない限り、関係のない事項を執拗に質問することは避けたほうが無難です。

　具体的には、

①　本籍、出生地に関すること

②　家族に関すること（職業、続柄、健康、地位、学歴、収入・資産等）

③　生活環境、家族環境に関すること

④　宗教、支持政党、思想・信条に関すること

⑤　労働組合、学生運動等の社会活動に関すること

⑥　購読新聞、雑誌、愛読書に関すること

などです。

2　履歴書等の確認

　一方で、応募者の経歴等を確認するために、履歴書の提出を求めることは当然許されます。履歴書は、応募者本人が任意に作成した文書であり、記載事項について確認することは「本人の同意」があるといえるからです。

　むしろ、経歴詐称等のトラブルを避けるためにも履歴書の作成を求め、確認をしておくべきでしょう。たとえば、応募者が未成年である場合には、後に親権者により雇用契約がさかのぼって取り消される可能性がありますし（民法5条）、労働基準法57条1項では、「使用者は、満18才に満たない者について、その年齢を証明する戸籍証明書を事業場に備え付けなければならない」と定めています。なお、民法の改正により、令和4年4月1日から成年年齢が現行の20歳から18歳に引下げになります。

　飲食店の場合には、配膳やビール樽運びなど、比較的重労働が予定されているといえます。そのような業務に従事させる可能性があるのであれば、既往症のうち腰痛や関節痛の有無などを確認したり、場合によっては健康診断書の提出を求めることなどは「正当な理由がある場合」として許される余地

があります。

③　男女雇用機会均等法

　事業主は、労働者の募集および採用について、その性別にかかわりなく均等な機会を与えなければなりません（男女雇用機会均等法5条）。具体的には、次の事項が禁じられています。

① 募集・採用の対象から男女のいずれかを排除すること

② 募集・採用の条件を男女で異なるものとすること

③ 採用選考において、能力・資質の有無等を判断する方法や基準について男女で異なる取扱いをすること

④ 募集・採用にあたって男女のいずれかを優先すること

⑤ 求人の内容の説明等情報の提供について、男女で異なる取扱いをすること

⑥ 募集・採用にあたって、労働者の身長、体重または体力を要件とすること

⑦ 労働者の募集・採用にあたって、転居を伴う転勤に応じることができることを要件とすること

　なお、⑥・⑦は、直接的ではなくとも実質的に男女の別を問題にしているといえるので、間接差別として禁じられます。

　男女雇用機会均等法ではさらに、いわゆるセクシュアル・ハラスメント防止のため、事業主に対して雇用上の管理をも義務づけていますので、参照してください（同法6条以下）。

　もっとも、男女雇用機会均等法は、募集、採用にあたって男女に均等の機会を与えることを目的とするものですので、均等（同数）の雇用をしなければならないわけでは当然ありません。結果的に、業務の種類や応募者の中の適性から、どちらかの性別に偏った雇用となっても違法ではありません。

　これら性別に関する規律は年齢に関しても同様です（雇用対策法10条）。

Q48　採用する場合に提出させる書類

採用面接の結果、新卒の正社員１名とアルバイト１名を採用することとなりました。採用時の提出書類について教えてください。

▶ ▶ ▶ Point

① **雇用契約書の取り交わしが肝要です。**

② **身元保証書の作成、提出には注意が必要です。**

③ **誓約書の作成を積極的に行ってください。**

1　書類（書面）の必要性

　労働者を採用する際には、履歴書などさまざまな書類を提出させる必要があると思いますが、使用者側として提出を求めたい書類には主に以下のようなものがあります。以下は特に正社員であれその他であれ、違いはありません。

　① 雇用契約書（双方署名・押印）

　　　労働条件について、募集時から面接説明時、そして採用時に至るまで離齟がないことを証明する書面であり、必須の書面といえます。

　② 住民票記載事項証明書

　　　履歴書記載の住所に偽りがないことを証明します。

　③ 身元保証書

　　　飲食店においては、従業員等の労働者がお金を取り扱う機会が多いので、万が一に備えて労働者の親族等から取得しておくことが安心です。

　　　労働者が勝手に親族の名前・印鑑を記載押印することが疑われる場合には、確認のため記載の親族にお礼状を送付することなどが有効です。

　　もっとも、身元保証人に対して無制限に損害賠償請求ができるわけではなく、保証期間は原則として３年間であり（身元保証ニ関スル法律１条）、一定の場合には身元保証人に解除権が発生します（同法３条・４条）。また、令和２年４月１日施行の改正民法により、賠償額の上限が定められていない身元保証契約は無効とされることになりました（民法465条の２）。

④　入社時誓約書

⑤　扶養控除証明書

⑥　源泉徴収票

⑦　マイナンバーカード

⑧　年金手帳

⑨　雇用保険被保険者証

⑩　給与口座振込依頼書

⑪　運転免許証、自賠責保険加入者証、任意保険証書（自動車通勤者がいる場合）

２　誓約書

　前記④誓約書については、すべての使用者が一般的に作成しているとはいえませんが、非常に重要です。

　一般的な誓約書の記載事項としては次のとおりです。

①　誠実義務の約束

②　履歴書の真正

③　職務専念義務

④　秘密保持（会社・使用者の営業秘密等を漏洩しないこと）義務

⑤　競業避止（同種事業に従事しないこと）義務

⑥　反社会的勢力の排除

　なお、複数店舗を有するチェーン店などの飲食店においてはさらに、就業

場所や職種（ホール、キッチン、事務等）の異動についての同意も記載しておくことが重要です。

　さらに昨今、インターネット等に勤務先の内情を暴露したり、店舗内での卑猥な映像を流したりすることが社会問題化していると言えるので、注意的に（当然違法といえる場合もあるので）こうした行為を禁止する文言を加えることも有用です。

Q49 試用期間を定める場合の注意点

> 採用した方について試用期間を設けようと考えていますが、その際に注意すべきことがあれば教えてください。

▶▶▶ Point
① **試用期間の長さは、適正を判断するために合理的な期間である必要があります。**
② **試用期間中の解雇は無制限に認められるわけではありません。**
③ **試用期間中の労働者も「労働者」である以上、他の労働者と同様の労務管理が必要です。**

1 試用期間

　試用期間とは、一般に、実際の勤務態度や労働者の適性などを評価し、本採用するかどうかを企業側が判断するための期間という意味合いでとらえられています。そして、その期間内に適正を欠くなどと判断されれば、企業はその労働者について本採用を見送り、労働契約を解約することになります。

　したがって、法律的に定義づけると、試用期間とは、「企業（使用者）側に解約権が留保された労働契約」ということになります。

　一般的な試用期間は1〜6カ月程度ですが、特に法律上の制限はありません。ですが、これ以上に長期の場合は、解約権が留保されている、すなわち労働者の地位が不安定となる以上、当該業種において、適正を判断するために合理的期間である、といえる必要があります。試用期間の延長についても同様です。原則として3カ月程度とし、当該従業員の同意が得られる場合には6カ月まで延長する、とすることが無難でしょう。

　また、正社員、パートタイマー、アルバイトや契約社員といった採用形態にかかわらず、試用期間を定めることはできます。ただし、一般に短期間の雇用を前提とするパートタイマーに試用期間の定めを設けることは合理的とはいえないでしょう。

2 試用期間中の解雇

　試用期間中に、勤務態度が悪かったり適正を欠くなど労働者を解雇したい事由が発生した場合には、試用期間中の企業と労働者との労働契約は、解約権留保付労働契約に該当するので、企業側は解雇することもできます。解約権が留保されているので、本採用後よりも広い範囲で企業側に労働者を解雇する自由が認められています。

　ただし、労働者保護の観点から、試用期間中の解雇がすべて企業の裁量に委ねられているというわけではありません。実際の判例をみてみると、次の要件が整った場合にのみ許されていると考えられます。

① 試用期間中の労働者がほかの企業への就職機会を放棄していることなどを踏まえること

② 解約権留保の趣旨や目的に照らして客観的に合理的な理由が存在すること

③ 社会通念上相当と認められるような場合であること

3 試用期間中の労務管理

(1) 適切な労務管理

　試用期間中の労働者も従業員の一人ですので、企業は当然、ほかの従業員と共に適切な労務管理を実施しなければなりません。たとえば、試用期間中の労働者に時間外労働をさせた場合には割増賃金を支払う義務がありますし、有給休暇についても試用期間中だからといって算定期間から排除するわけにはいかないのです。社会保険への加入も同様です。

(2)　支払義務

　試用期間中でも労働者への賃金の支払義務が生じます。都道府県労働局長の許可なくして法で定められている最低賃金を下回る額を支払うことはできませんが、企業によっては試用期間中に支払う給与を本採用後の給与より低く提示しているケースもあります。

　本採用時よりも低い額を提示する場合は、給与額や試用期間日数を用いて、算出した平均賃金と最低賃金とを比較します。算出した額が最低賃金を下回らなければ、その給与額は法令違反にはなりません。

　平均賃金の算出の方法を式で示すと、

> 試用期間中の給与額÷試用期間中の勤務時間＝試用期間中の平均賃金

となります。労働者との給与支払いをめぐるトラブル回避のためにも、必ず平均賃金と最低賃金の比較を行いましょう。

(3)　最低賃金の減額の特例

　最低賃金とは、最低賃金法に基づき「国が賃金の最低限度を定め、使用者は、その最低賃金額以上の賃金を支払わなければならないとする」賃金のことです。

　最低賃金法7条には最低賃金の減額の特例が設けられており、試用期間中の者に対して、最低賃金額を一定額下回った給与額の支払いを特例的に認めています。もし、最低賃金の減額の特例を受ける場合には、「減額の特例許可申請書」を所管の労働基準監督署に提出、許可を得てからとなります。ただし、この特例を受けられるのは以下の項目を満たす場合に限られ、減額幅も最低賃金より最大20％までの間と制限が設けられています。

① 試用期間の詳細に関し、労働協約や就業規則、労働契約などで定めている

② 本採用後の労働者の賃金水準が最低賃金額程度である

③ 試用期間中の労働者の給与額を定額にするだけの慣行がある

④　試用期間の長さが最大 6 カ月間である

⑤　職務内容を勘案したうえで定められた率で減額した給与額である

⑷　社会保険

　企業は試用期間中の労働者に関しても、雇用保険、健康保険、労災保険、厚生年金保険など各種社会保険への加入が義務づけられています。ただし、これには特例があり、試用期間中、各種社会保険への適用の除外にあたっては、該当する労働者に条件が付与されているのです。

　その条件は、以下のとおりです。

①　2 カ月以内の期間を定められた臨時雇用者

②　日々雇い入れられ、期間が 4 カ月以内の者

③　4 カ月以内の季節労働者

④　6 カ月以内の臨時的事業の事業所に使用される者

⑤　所在地の一定しない事業に使用される者

⑥　船員保険の被保険者

⑦　国保組合の事業所に使用される者

　ただし、各種社会保険適用除外の場合でも、労災保険に関しては加入が義務づけられている点に注意してください。

Q50　内定・内々定を出す場合の注意点

> 新卒の正社員には次の4月に入社してもらう予定で内定を出しましたが、内定・内々定について具体的に教えてください。

▶▶▶ Point

① 内定は労働契約が成立しているのに対し、内々定はまだ契約が成立していません。

② 内定取消しには客観的合理的理由が必要です。

③ 内定取消しを円満にするために、解雇予告手当を支払うことが無難でしょう。

1　内定と内々定

⑴　内　定

　一般に内定とは、学生が使用者（企業）から採用通知という書面を受け取り、学生が使用者に入社承諾書などを提出することによって相互に意思確認をし、労働契約が成立した状態のことを言います。

　さらに、使用者が内定を出すのは、大学等の新卒予定者が無事に卒業をすれば採用をするが、そうでない場合は採用を取り消す、という場面でしょう。このように内定とは、単なる採用の予約ではなく、将来の就労の始期が定められつつ、留年確定など一定の条件の下での使用者の解約権を留保した労働契約であると解せられます（最高裁昭和54年7月20日判決・民集33巻5号582頁）。

　採用が内定した場合には、使用者から内定者に対して内定通知が送付され、内定者から使用者に対してほかの企業等への就職活動をしないこと、一

定の事由が生じた場合には内定が取り消される旨の同意などについて誓約書が提出されることと一般です。

(2)　内々定

　一方、内々定とは、内定よりもさらに前段階の、上記でいえば採用通知が送付されたり、口頭で採用が連絡されたりした場合のことを意味し、受け取った側の承諾の意思表示がないので労働契約はいまだ成立していません。

　内定と内々定の区別が微妙な場面もありますが、必ずしも書面ではなくとも、具体的な配属や業務内容、採用後のスケジュールが具体的に定められているような場合には内々定の域を越え、もはや内定といえるでしょう。

2 内定取消し

　内定の取消しは自由に行えるものではなく、客観的に合理的な理由（正当な理由）が必要です。争いを避けるためにも、前記(1)の「一定の条件」を書面にて明確化しておくべきです。

　一般的な取消し事由は、①単位不足などで卒業ができなくなった場合、②内定者が病気になったりケガをしたりして就業できなくなった場合、③内定者の提出書類に虚偽記載が判明した場合、④犯罪行為に及んだ場合、などがあります。

　採用内定を取り消すときは、通達によると、解雇予告の手続（30日以上前の解雇の予告、または、30日分以上の平均賃金の支払い）が必要とされています。

　しかし、労働基準法では、入社して14日以内の試用期間中の者については解雇予告の手続は不要とされていて（同法21条4号）、整然としません（採用内定段階は解雇予告が必要だが、入社して14日間は不要になって、その後また必要になる）。また、30日以上前の解雇の予告であれば、賃金を支払う必要がなく、無意味に内定者を拘束することになってしまいます。

　ではどう解釈するべきでしょうか。そもそも、労働基準法が適用される

「労働者」とは、会社に使用されて賃金の支払いを受ける者とされています。採用内定の期間中は会社に使用されていない、就労をしていないし、賃金の支払いも受けていないことから、労働基準法は適用されないと考えられます。

　したがって、解雇予告は不要と考えられるのですが（見解が分かれていてこちらは少数です）、内定の取消しを円満に行うためには、解雇予告手当として賃金の1カ月分以上の解決金を支払うのが無難です。なお、その際は、内定取消しを受け入れるという本人の押印をもらってください。

Q51 社会保険制度について

社会保険とはどのような内容、制度なのか教えてください。

▶ ▶ ▶ Point

① **社会保険とは、健康保険、厚生年金保険、介護保険、雇用保険、労災保険の総称です。**

② **健康保険と厚生年金保険を指して「（狭義の）社会保険」という場合が多いです。**

1 社会保険

社会保険とは、健康保険、厚生年金保険、介護保険、雇用保険、労災保険の総称のことです。

(1) 広義の社会保険

広い意味での社会保険は、病気やケガ、出産、失業、障害、老齢、死亡などに対して必要な保険給付を行う公的な保険を指します。

広義の社会保険は、まず会社員が加入する被用者保険と自営業者などが加入する一般国民保険に分けることができます。

被用者保険はさらに、狭い意味の社会保険である「（狭義の）社会保険」と労働保険に分かれます。

(2) 狭義の社会保険

狭義の社会保険は、健康保険、介護保険、厚生年金保険の三つをまとめた総称であり、労働保険は、雇用保険と労災保険の二つを合わせた言い方です。会社で就職、転職した際には、健康保険、厚生年金保険、介護保険や個人事業主等の国民健康保険、その他労災保険、雇用保険の加入手続を行いま

す。

　主に会社員が対象となる健康保険と厚生年金保険を指して「(狭義の) 社会保険」ということが多いでしょう。

２ 健康保険

　健康保険は、医療給付や手当金などを支給して、生活を安定させることを目的とした社会保険です。

　健康保険は、会社で働く人とその家族の両方に適用されます。

①　会社で働く人に対して適用されるケース

　ⓐ　病気やケガをしたとき

　ⓑ　病気やケガで会社を休み、給料が出ないとき

　ⓒ　亡くなったとき

　ⓓ　出産のため会社を休み、給料が出ないとき

　ⓔ　出産をしたとき

②　①の家族に適用されるケース

　ⓐ　病気やケガをしたとき

　ⓑ　亡くなったとき

　ⓒ　出産をしたとき

　ケガや病気は、病院等での医療費の自己負担が３割、事業所が７割負担となります。

　健康保険は、個人事業主や学生等年齢、性別問わず加入義務がある国民健康保険と同じ役割を果たします。

　国民健康保険と健康保険の違いは、健康保険では会社と従業員 (加入者) で保険料を折半する点です。

３ 厚生年金保険

　厚生年金保険は、公的年金の一つです。

　公的年金は、日本国内に住所のあるすべての人が加入を義務づけられており、国民一人ひとりの働き方によって、以下のとおり加入する年金が異なります。

①　国民年金

　　日本国内に住む20歳以上60歳未満のすべての人

②　厚生年金

　　厚生年金保険の適用を受ける会社に勤務するすべての人

③　共済年金

　　公務員・私立学校教職員など

　厚生年金は、会社ごとに数多くある基金、団体に収めることで将来的に一定額の年金が支給される形になっています。

　厚生年金保険に加入している人は、厚生年金保険の制度を通じて国民年金に加入する第2号被保険者に分類され、国民年金の給付である基礎年金に加えて、厚生年金を受けることができます。

　また、65歳から受け取れる老齢年金や一定のケガや病気をしたときに受け取れる障害年金、加入中の本人が死亡した場合の遺族年金があります。他の相続や資産とは違い、税金がかからないのが特徴です。

4　介護保険

　介護保険は、高齢者の介護を社会全体で支え合うしくみをつくるために、制度として導入された社会保険です。

　介護保険は、①自立支援、②利用者本位、③社会保険方式といった三つの考え方の下、制度が設計されています。詳しくは以下のとおりです。

①　自立支援

　　単に介護を要する高齢者の身の回りの世話をするということを超えて、高齢者の自立を支援することを理念とする。

②　利用者本位

利用者の選択により、多様な主体から保健医療サービス、福祉サービスを総合的に受けられる制度である。

③　社会保険方式

給付と負担の関係が明確な社会保険方式を採用する。

介護保険制度の被保険者は、ⓐ65歳以上の者（第１号被保険者）とⓑ40〜64歳の医療保険加入者（第２号被保険者）の２種類に分けられます。65歳以上の人は、原因を問わず要支援・要介護状態となったときに、40〜64歳の者は末期がんや関節リウマチ等の老化による病気が原因で要支援・要介護状態になった場合に、介護保険サービスを受けることができます。

また介護保険では、市区町村の定める介護認定の対象者のみが認定レベルに応じてさまざまな介護サービスを受けることができます。基本的には居宅系、施設系、地域系の三つの各サービスを１割負担で受けることが可能です。

Q52　雇用保険の内容や手続

採用した正社員の雇用保険について、具体的な内容や手続を教えてください。

▶ ▶ ▶ Point

① **雇用保険とは、労働者が失業した場合などに必要な給付を行い、労働者の生活および雇用の安定を図るとともに再就職の援助を行うことなどを目的とした雇用に関する総合的な機能をもった制度です。**

② **雇用保険は雇用主と労働者双方に保険料負担が生じるので、トラブルにならないよう注意してください。**

1　雇用保険

雇用保険とは、国が行う強制的な保険事業であり、労働者が失業した場合や職業訓練を受ける場合に、雇用と生活の安定と就職促進のために基本手当を始めとする給付金制度と失業の予防、雇用状態の是正や雇用機会の増大、能力の開発向上を行い、失業者を増加させないよう設けられた保険事業制度です。雇用保険と労災保険の2種類を労働保険と呼んでいます。

第一次産業を除き、労働者が一人でも雇用される事業は強制適用事業となります。

雇用保険の適用は事業所単位で行われますが、次の労働者に対しては適用除外となります。

① 個人事業主

② 代表取締役

③ 取締役

原則適用が除外される。ただし、従業員兼務取締役等、部長や支店長、工場長等の労働者としての労務を担い給与を得ている取締役は、その給与部分については適用される。

④　監査役

原則適用が除外される。

⑤　学生

一般的な高校生、大学生、専門学校生（中間）は、職業は学生と言えるので、原則適用が除外される。ただし、通信制、夜間・定時制、卒業見込証明書を有し卒業前に就職し卒業後も引き続きそこで就労する予定の場合、休学中の場合は適用される。

⑥　家事使用人

原則適用が除外される。

⑦　家族従業員

同居の場合は原則適用が除外される。ただし、ほかの従業員と同様な働き方や賃金体系にある者については適用される。

⑧　国外の現地採用者

国内事業における雇用関係がある場合は継続して雇用保険が適用されるが、現地で採用され国外で勤務する場合は適用が除外される。

⑨　パートタイマー・アルバイト

1週間の所定労働時間が20時間未満であるか、契約期間が30日以内の短期雇用で、それ以上働く見込みのない場合は適用除外。ただし、契約上は1週間の所定労働時間が20時間未満であっても実際の労働時間が常に20時間以上となる場合や30日以内の短期雇用であっても契約更新の可能性がある場合は適用される。

2　保険料

雇用保険は雇用主と労働者双方に保険料負担が生じます。

　特にパートタイマー・アルバイトを雇用する場合は、保険適用となると支給賃金が下がることによりトラブルとなる可能性があるので、採用時に十分に説明しておく、労働時間管理を適正に行うことが肝要です。雇用保険は労働者が離職した場合には重要な収入源になるので、適用されるべきであったにもかかわらず加入させていなかったとすると、損害賠償の問題に発展してしまいます。

　なお、従来は、さかのぼって加入できる期間は2年以内に限られていましたが、現在は「雇用保険料が給与から天引きされていたことが明らかで」「事業主が雇用保険の加入手続きをしていなかった」ケースについて、2年以上さかのぼって加入手続ができるようになりました。

Q53 労災保険の内容や手続

労災保険について、具体的な内容や手続を教えてください。

▶▶▶ Point

① **労災保険には、労働者を一人でも雇用していれば、雇用形態にかかわらず加入しなければいけません。**

② **労災保険の保険料は事業主の全額負担です。**

③ **労災保険が適用になるケースは、業務災害と通勤災害の二つがあります。**

1 労災保険と保険料

(1) 労災保険

　労災保険とは、労災法に基づき、業務上の事由または通勤による労働者の負傷・疾病・障害または死亡に対して労働者やその遺族のために、必要な保険給付を行う制度であり、政府が管掌しています。また、労災保険においては保険給付のほかに、労働福祉事業を行っています。

　労災保険は、会社全体ではなく事業所単位で適用されます。原則として、労働者を一人でも雇用する事業は対象となり、保険料はすべて会社が負担します。事業を開始し、労働者を一人でも雇い入れれば、仮に雇用保険への適用手続（労働基準監督署への必要書類の提出）を怠っていたとしても自動的に保険料の支払義務が発生します。

　また、労災保険には労働者の加入要件がありません。すなわち、雇用形態にかかわらず、すべての労働者が保険の適用になります。正社員はもちろんのこと、パートタイマーやアルバイト、日雇いの従業員であっても、もちろ

ん外国人であっても、労災を申請することができるのです。

(2) 保険料

労働保険のうち、雇用保険の保険料は労働者も一部負担していますが、労災保険の保険料は事業主の全額負担です。事業主は、この両方の保険料を年度ごとに算出してとりまとめ、管轄の労働基準監督署に納付しなければなりません。

労働者が通勤時や仕事中にケガをしたり、仕事が原因で病気になったりした場合に、労災と認定されると国から給付金が支払われるしくみです。労災保険の保険料率は、3年に一度見直しが行われます。

このとき、労災が多く発生している業種はリスクが高いとみなされて、次回の見直しで保険料率が上がる確率が高まります。逆に、リスク管理を徹底するなどして労災を防ぐことができれば、保険料の上昇を抑える、あるいは減額につながります。

2 労災保険の適用場面

労災保険が適用になるケースは、業務災害と通勤災害の二つに分けられます。

業務災害とは、業務が原因になって起こった負傷や疾病、障害や死亡を意味し、発生場所は問われません。

一方、通勤時に被った負傷や疾病、障害や死亡が通勤災害です。

これらの労災保険で支給される給付金には複数の種類があり、それが業務災害なのか通勤災害なのかによって、内容が違います。そのため、業務災害による給付を「○○補償給付」といい、通勤災害による給付を「○○給付」と呼んで区別しています。

(1) 給付金

労災保険の給付金は次の7種類です。具体例にしてみていきましょう。

たとえば、労働者が事業所内や通勤時に、ケガをしたとします。

まずは、治療が必要となりますが、その治療代について支給されるのが①療養補償給付や療養給付です。

ケガが原因で仕事を休んだときには②休業補償給付や休業給付が支給されます。

療養しても、ケガが治らなかった場合に支給されるのが③傷病補償年金や傷病年金です。

もしも、障害が残ってしまったら④障害補償給付や障害給付が、介護が必要になったら⑤介護補償給付や介護給付が受けられます。特に、重症になりやすい脳や心臓に異常が生じた場合は⑥二次健康診断等給付が支給されることになっています。

そして、万が一死亡に至った場合に支給されるのが⑦遺族補償給付や遺族給付、遺族補償年金や葬祭料といったものです。

⑵　**報告義務**

業務災害については、所轄の労働基準監督署に報告する義務が事業主に課せられています。一方、通勤災害については、報告の義務はありません。

また、業務災害では、休業の最初の3日間については、平均賃金の60％を休業補償として支払う義務を負います。しかし、通勤災害では、このような義務はなく、解雇制限（労働基準法19条）もないのです。

③　業務災害・通勤災害の判断基準

労災保険が適用されるか否かは、次の二つの基準により判断されます。

①　業務遂行性

　業務と労災事故との間の因果関係（業務に携わっている、就いている状態での事故か否か）

②　業務起因性

　業務と傷病、死亡との因果関係（業務が原因となり発症したといえるか否か）

　それでは、たとえば、自転車で通勤しているアルバイトが、通勤中にお店の近くのスーパーに立ち寄った際に転倒してケガをしたという場合、労災保険は適用されるでしょうか。

　店長の指示で業務上必要なものを購入しに行った場合は、業務遂行性、業務起因性があると考えられるので適用となる可能性が高いですが、そうでない場合でも、一見、通勤中の事故として通勤災害といえそうです。

　ですが、通勤とは、就業に関し、①住居と就業の場所との間の往復、②就業の場所からほかの就業の場所への移動、③住居と就業の場所との間の往復に先行し、または後続する住居間の移動を、合理的な経路および方法により行うことをいうところ、スーパーに寄ることは通勤経路から逸脱（通勤経路をそれること）または、中断（通勤に関係のない行為であること）したといえるので、原則として適用はされないことになります。

　もっとも、逸脱または中断が日常必要な行為であって、厚生労働省令で定める「やむを得ない事由」により行う最小限度のものである場合は、逸脱または中断の間を除きなお、「通勤」となります。

　厚生労働省令で定める逸脱、中断の例外となる行為は以下のとおりです。

①　日用品の購入その他これに準ずる行為

②　職業能力開発促進法15条の7第3項に規定する公共職業能力開発施設において行われる職業訓練、学校教育法1条に規定する学校において行われる教育その他これらに準ずる教育訓練であって職業能力の開発向上に資するものを受ける行為

③　選挙権の行使その他これに準ずる行為

④　病院または診療所において診察または治療を受けることその他これに準ずる行為

⑤　要介護状態にある配偶者、子、父母、配偶者の父母並びに同居し、かつ、扶養している孫、祖父母および兄弟姉妹の介護（継続的にまたは反復して行われるものに限る）

Q54　パートタイマーやアルバイトの社会保険の手続

採用したパートタイマー・アルバイトの社会保険の手続をするべき
か考えています。加入条件や手続などについて教えてください。

▶▶▶ Point
① **社会保険の適用事業所であり、かつ労働者が加入要件に該当した場合は加入する義務があります。**
② **パートタイマー・アルバイトであっても加入要件を満たせば加入しなければなりません。**

1 加入義務

　社会保険とは、健康保険、厚生年金保険、介護保険、雇用保険、労災保険の総称のことですが、質問が想定されているのはそのうち健康保険および厚生年金のことを指すと思われます（狭義の社会保険）。

　正社員だけではなく、パートタイマーやアルバイトも労働者であることに変わりはないので、社会保険の加入要件に該当した場合には、事業主は社会保険（健康保険、厚生年金）の資格取得手続をとる必要があります。事業者負担が増すなどという理由で加入させていない場合には、事業主に罰則が科されますので十分に注意してください。

　厚生年金保険および健康保険の保険料は、被保険者の標準報酬月額と標準賞与額に保険料率をかけて算出されます。そして保険料の半分を事業主が負担することになっています。

　まず、社会保険の適用事業所となるのは次のとおりです。

① 株式会社などの法人の事業所（事業主のみの場合を含む）

②　従業員が常時5人以上いる個人の事業所

農林漁業、サービス業などの場合を除いて適用事業所となります。

次に、加入対象者（要件）は次のとおりです。

①　1週の所定労働時間および1カ月の所定労働日数が正社員の4分の3
　　以上であること

ただし、2カ月以内の期間を定めて臨時に使用される者などは、原則とし
て社会保険には加入できません。

また、平成29年4月1日から順次法律が改正されて、本書発刊時（令和3
年8月）ではパートやアルバイトなど短時間労働をしている方でも、以下の
条件にあてはまれば加入することが義務づけられました。社会保険加入条件
として、新たに加えられた事項は次のとおりです。

②　1週間あたりの所定労働時間が20時間以上

③　1カ月あたりの所定内賃金が8万8000円以上

④　雇用期間の見込みが1年以上

⑤　学生以外

⑥　「従業員数が501人以上の会社（特定適用事業所）で働いている」もし
　　くは「従業員数が500人以下の会社で働いていて、社会保険に加入する
　　際に労使で合意がある」

2　パートタイマー・アルバイトの場合

　社会保険の加入手続、保険料等の負担を考えると、「パートタイマー・ア
ルバイトに社会保険加入させたくない」というのが企業側の本音かと思いま
す。また、パートタイマー・アルバイト側からしても、社会保険に加入する
ことで手取り金額が少なくなるため、「できるのであれば加入したくない」
というのが本音です。

　しかし、パートタイマー・アルバイトであっても、社会保険の加入条件は
法律上明記されており、義務である以上、条件に該当すれば必ず加入させて

おくことが必要です。そして、健康保険、厚生年金どちらも加入要件は原則同一なので、どちらか一方だけ加入する、ということもできません。

　なお、パートタイマーに多いのが、契約更新時に労働時間が減り、1週間あたりの所定労働時間が20時間以上という加入要件を満たさなくなったため被保険者の資格喪失を申し出てくる場合です。この場合は、健康保険、厚生年金いずれも資格喪失手続をとりつつ、健康保険のみを任意継続する、ということは可能です。ただし、この場合健康保険料は事業者負担分も含め本人が全額負担する必要があります。

Q55　パワハラ・セクハラへの対応

　最近話題のパワーハラスメント、セクシャルハラスメント（以下、それぞれ「パワハラ」、「セクハラ」といいます）とはどういうものか教えてください。また、雇用主としてとるべき対策があればあわせて教えてください。

▶▶▶ Point

① 　職場におけるパワハラ防止のために企業が講ずべき措置が法律上定められています。

② 　法律および厚生労働省指針によって、企業にはセクハラ防止措置が義務づけられています。

③ 　パワハラの立証はセクハラの立証に比べると困難です。

1　パワハラ

⑴　定　義

　パワハラについてはこれまで法律で具体的には明記されていませんでしたが、令和2年6月1日より、いわゆるパワハラ防止法が大企業に対し施行されました。なお、中小企業は令和4年4月1日から施行予定です。

　パワハラ防止法では、「パワハラ」について、「職務上の地位や人間関係などの職場内の優位性を背景に、業務の適正な範囲を超えて、精神的・身体的苦痛を与える、または職場環境を悪化させる行為」と定義しています。

⑵　パワハラの3要素

　この定義から、パワハラの要素は以下の三つということになります。

① 　職場内での地位、優位性を利用していること

　加害者の対象となるのは、まずは上司や先輩、ということになるで
しょう。

　もっとも、同期・同僚やはたまた後輩であっても、怒鳴られたら反論
できない関係性であったとすれば、パワハラに該当する可能性がありま
す。

②　業務の適正な範囲を越えた指示命令であること

　たとえば、少し言い方が悪くても、その内容が一般的に業務として行
なわれるべき内容であれば、パワハラとは考えづらいでしょう。

　一方で、業務とは関係ない個人的な事項を命令すること（個人的な金
銭貸借の強要）、注意指導にあたって土下座を強要することなどは該当
する可能性が高いです。

③　相手に著しい精神的苦痛を与えたり、その職場環境を悪化させる行為
であること

　この点、パワハラは、1回のみの行為ではなく、継続的な行為である
ことが多いと考えられています。たとえば、怒鳴られるという行為は、
1回のみの行為であればパワハラとまでは言いにくいですが、これが継
続して行われ、怒鳴られる側が著しい精神的苦痛を感じていたり、その
職場環境が害されている場合はパワハラに該当しうるといえます。

⑶　パワハラを判断するための6要素

パワハラ防止法は、パワハラを以下の六つの類型に分けています。

①　身体的な攻撃——暴行・傷害

②　精神的な攻撃——脅迫・名誉毀損・侮辱・ひどい暴言

③　人間関係からの切り離し——隔離・仲間外し・無視

④　過大な要求——業務上明らかに不要なことや遂行不可能なことの強
　制、仕事の妨害

⑤　過小な要求——業務上の合理性なく、能力や経験とかけ離れた程度の
　低い仕事を命じることや仕事を与えないこと

⑥ 個の侵害——私的なことに過度に立ち入ること

(4) 職場におけるパワハラ防止のために講ずべき措置

パワハラ防止法では、企業側に以下のような対策を求めています。

① 事業主の方針などの明確化およびその周知・啓発

② 相談に応じ、適切に対応するために必要な体制の整備

③ 職場におけるパワハラに係る事後の迅速かつ適切な対応

パワハラ防止法では、直接企業に係る対策を怠ったことについて罰則などは設けていませんが、企業が行政の勧告に従わなかったときは、企業名が公表されることもあり得ます。そうなれば、企業の信頼は失墜し、経営への大打撃となることは必至でしょう。

2 セクハラ

(1) 定　義

セクハラとはセクシュアルハラスメントの略語で、職場内においては、「労働者の意に反する性的言動」ということになります。具体的には、被害者が不快に思うような性的言動が行われ、それを拒否したことで被害者に解雇や減給などの不利益が生じたり、職場環境が悪化したりすることをセクハラと定義しています。

職場におけるセクハラの加害者になりうるのは、事業主や上司、同僚などの社内の人だけではありません。顧客や取引先の人、また、病院や施設では患者や利用者が加害者になることもありうるのです。

さらに、セクハラ防止措置の対象となる労働者は正社員だけではなく、契約社員やパートタイマー、アルバイトなどの非正規の社員も含まれます。なお、派遣社員は、雇用主である派遣元はもちろんのこと派遣先の事業所でも防止措置の対象となるので注意してください。

(2) セクハラ対策措置

男女雇用機会均等法11条は、「職場における性的な言動に起因する問題に

関する雇用管理上の措置等」と題して、事業主に対して職場におけるセクハラ対策を以下のように義務づけています。

「事業主は、職場において行われる性的な言動に対するその雇用する労働者の対応により当該労働者がその労働条件につき不利益を受け、又は当該性的な言動により当該労働者の就業環境が害されることのないよう、当該労働者からの相談に応じ、適切に対応するために必要な体制の整備その他の雇用管理上必要な措置を講じなければならない」。

つまり、職場内で実際にセクハラが事象として起こっているか否かにかかわらず、セクハラ防止措置を適切に講ずることが事業主の義務と定められているのです。

具体的どのような措置を講ずるべきかについては、厚生労働省の「セクハラ指針（事業主が職場における性的な言動に起因する問題に関して雇用管理上講ずべき措置についての指針）」に定められています。

要点をまとめますと次のとおりです。

①　事業主の方針の明確化およびその周知・啓発

②　相談体制の整備

③　事後（問題が起きてから）の迅速かつ適切な対応

④　相談者・行為者等のプライバシーを保護、相談者の不利益取扱いの禁止の周知・啓発

(3)　対　応

セクハラは、性的概念の多様化等に伴い多様化しており、一昔前の感覚のままで対応をすると大問題となりかねません。以下に、前記「③事後の迅速かつ適切な対応」の具体的方策について提案しておきます。

①　被害者からのヒアリング

被害者の多くは女性であると思われますが、その場合にはヒアリング担当者に女性をあてるなど配慮をするべきです。また、被害者は話をしていると感情的になり、まとまった話をすることが難しいと思われるの

242

で、１回ですべてを聴き取ろうとせず、複数回の機会を設けることもするべきです。実名を言いたくないときは無理に聞き出そうとせず、匿名で話をしてもらいましょう。

② 加害者からのヒアリング

そもそも、被害者は加害者をおそれており、加害者からの聴取を望まないかもしれません。そのような場合であっても、セクハラの内容が非常に悪質であり、執拗に繰り返されているような場合は、その意に反してもヒアリングをすべき場合があると考えます。

加害者からのヒアリングに際しては、決めつけるような詰問は厳禁です。可能であれば、被害者とは別の担当者を任じたり、加害者と近しい人物にしたりという配慮が必要です。

③ 是正措置

前記①・②によってセクハラの事実が確知できた場合は、まず加害者に対する適切な指導および処分を行います。適切な処分とは、行為に応じた相応の処分という意味です。たとえば、下ネタを言う程度のセクハラ行為について減給処分とするなどは均衡を失するといえます。

もちろん、非常に重大で刑法犯（強制わいせつ、強姦など）に該当するような場合には解雇という措置も必要でしょう。

3 パワハラ・セクハラの有無の判断

パワハラ・セクハラの存在を証明するのは容易ではありません。両者は被害者と思われる人の受け止め方にもよりますし、特にセクハラは得てして密室や人目につかないところで行われることが多いからです。

その証明には、録音や動画など、具体的にその言動を示すものが最も有用であることはいうまでもありませんが、突発的に行われる言動を記録に収めることはむしろ現実的ではないでしょう。同僚らの証言も証拠となり得ますが、会社内での立場を悪くしてまで協力してくれる人は多くありません。ま

た、被害者に近しい人間の証言は、「味方をして当然だろう」とみられるので、証拠価値は高くありません。本人の説明はなおさらです。

　もっとも、セクハラにおいては、本人の説明に迫真性がある場合には、それのみによって存在が認定されることも十分にあります。

　結論として、パワハラは客観的な証拠がなければ立証は困難ですが、セクハラは本人の弁によっても証明可能な場合がある、といえそうです。

Q56　会社が負った損害と従業員の賃金との相殺

　従業員がお客様に迷惑をかけ、会社に損害が発生しました。従業員の賃金と損害額とを相殺することは可能か教えてください。

▶ ▶ ▶ Point

① **会社の従業員に対する損害賠償請求には制限があります。**

② **損害賠償請求が認められる場合でも、賃金との相殺はできません。**

1　被害賠償請求には制限がある

　従業員が業務上ミスをすれば、故意または過失ある行為として、会社は当然に損害賠償請求ができると考えられがちです。

　しかし、一般的な比較として、従業員は資力に乏しく、一方で会社は大規模資本を結集し労働者を使用しながら大きな利益を上げているので、「損害の公平な分担」という民法上の基本的な考え方からして、労働者に対する会社からの損害賠償請求は制限されるのが一般的となります（最高裁昭和51年7月8日判決・民集30巻7号689頁）。

　業務上発生することが予想されやすい損失や、軽微なミスによる不祥事などについては、会社が労働者を雇用するにあたって内含されている危険として、甘受すべき損害と考えられるので、従業員に対する損害賠償は極めて難しいというべきでしょう。

　具体的には、以下のような事情がある場合があげられます。

　①　運送会社にて、運転ミスによりトラックを多少傷つけた場合

　②　深夜労働中や長時間労働後の事故

　③　過去に同じような事故が発生していたにもかかわらず、会社が具体的

な再発防止措置をとっていなかった場合

④　労働者に対して、従事業務についての必要十分な研修が課されていな
かった場合

⑤　店長や主任など上長の管理が不十分であった場合

2　賃金との相殺は不可

　それでは、従業員のミスが通常勤務時間内の重大なものであったり、それ
なりの地位にあったりするなど、損害賠償請求が認められる場合、賃金から
その額を控除する、つまり相殺をすることはできるのでしょうか。

　労働基準法上、従業員への賃金は全額が支払われなければなりませんので
（同法24条）、原則として相殺はできません。いったん全額を支払い、別の請
求をする必要があります。

　仮に、賠償額を控除できるという労使協定が結ばれていたとしても、賠償
額について争いがある場合もありますので、相殺勘定による会社からの一方
的控除は困難です。

　とはいえ、簡易かつ確実に損害額を回収する必要性は高いので、従業員と
よく話し合いをしたうえで、損害額および支払方法について合意をするべき
でしょう。

　話し合いにより相殺をすることは認められています（相殺合意）。話し合
いの内容を漏れなく記載した合意書を作成しましょう。ただし、そのような
場合であっても、賃金全額を相殺するような合意は著しく不合理または公序
良俗に反する場合もありますので、民事執行法上差押えが可能な手取り額の
4分の1にとどめるなどの配慮が求められます。

Q57　労働時間を管理する場合の注意点

　従業員の労働時間の管理はどのようにすべきでしょうか。厚生労働省が出している労働時間に関するガイドラインの内容も教えてください。

▶ ▶ ▶ Point

① 　労働時間は、午後５時〜午後11時などのシフトにより定まるのではなく、使用者の指揮命令下におかれているか否かで判断されます。

② 　休憩時間や着替え、片付けの時間も労働時間に該当する可能性があります。

③ 　厚生労働省の「労働時間の適正な把握のために使用者が講ずべき措置に関するガイドライン」を参考に、労働時間を適切に管理する必要があります。

1 　労働時間

　労働時間の定義について、判例は「労働者が使用者の指揮命令下に置かれている時間」と判示しています（最高裁平成12年３月９日判決・民集54巻３号801頁）。

　飲食店では、シフト制（たとえば、午後５時〜午後11時など）が採用されていることがほとんどかと思いますが、これによって労働時間が決まるのではなく、あくまで「労働者が使用者の指揮命令下に置かれている時間」こそが労働時間になる点に留意する必要があります。

　そして、指揮命令下にあるかどうかは、事案ごとに個別具体的に判断されます。判断要素としては、当該行為の義務づけの程度や、業務との関連性、

時間的・場所的拘束性などがあります。

2 飲食店において問題となる場合

(1) 休憩時間中の来客・電話対応

休憩時間が適切に付与されていない場合、休憩時間とされている時間数を労働時間にカウントしない間違った労働時間を基に賃金を計算していることになるため、本来支払うべき賃金が支払われていない可能性や、休憩時間不付与による損害賠償責任を負う可能性があるほか、労働基準法違反として罰則（同法119条）が課されるおそれもあります。

ランチ・ディナー営業を行う飲食店では、午後3時から午後5時までのアイドルタイムなどに従業員の休憩時間を設けることが多いと思われますが、その間に仕入業者との打合せや予約電話の対応なども行わなければならない場合があります。従業員の休憩時間を交代でとるなどせず、休憩時間中の来客・電話対応等を従業員が待機して行う運用をしているのであれば、休憩時間と判断されず、使用者の指揮命令下におかれているとして労働時間に該当すると判断される可能性があります。

他方で、たまたまそこにいた従業員が自ら任意の意思で対応し、かつ、その時間が非常に短い場合には、労働時間に該当しないという考え方もありうるでしょう。

実務上の対応としては、休憩時間の来客や予約電話等の対応を休憩中の従業員がすることがないよう、適切にシフトを作成すべきと考えられます。

(2) 着替えや終業後の片づけ時間

着替えや終業後の片づけの時間についても、使用者の指揮命令下にあって労務提供のために現実的に拘束されている時間は労働時間と判断されます。

前掲最高裁平成12年3月9日判決も「業務の準備行為等を事業所内において行うことを使用者から義務付けられ、又はこれを余儀なくされたときは、……当該行為は、特段の事情のない限り、使用者の指揮命令下に置かれたも

のと評価することができ、……労働基準法上の労働時間に該当する」と判示しています。

　飲食店では、専用の更衣場所で制服等への着替えることを義務づけることが多いと思われますが、実務上、当該時間は労働時間と考えるべきでしょう（タイムカード等への打刻のタイミングも見直すべきです）。

　また、終業打刻後の片づけが義務づけられているような場合も労働時間に該当すると考えるべきです（当該義務づけがなされておらず、従業員が自発的に行う場合には労働時間に該当しないという考え方もあり得ます）。

　なお、着替えや終業打刻後の片づけの時間が労働時間に該当する場合でも、労働時間と認められるのは「社会通念上必要と認められる」時間に限られますので、たとえば従業員が着替えに30分必要であると主張しても、5分程度で可能との事情があれば、労働時間は5分と判断されることになります。

③　労働時間の適切な管理方法

　労働時間が適切に管理されていない場合、誤った労働時間に基づき賃金が計算されることになるため、本来支払うべき賃金が支払われていない可能性があります。

　厚生労働省の「労働時間の適正な把握のために使用者が講ずべき措置に関するガイドライン」によれば、労働時間管理の原則的方法として、要約すると以下のように述べられています。

①　使用者が自ら現認することにより確認することやタイムカード、
　ICカード、パソコンの使用時間の記録等の客観的な記録を基礎として確認し、適正に記録する必要がある。

②　また、例外的に自己申告制を採用する場合には、従業員に対し、適正な自己申告をするよう求めることや、自己申告により把握した労働

> 時間が、実際の労働時間と合致するかについて、必要に応じて実態調
> 査を行うべきとされているため、タイムカードの打刻と残業時間が乖
> 離するような場合には、実態調査を行う必要がある。

　②の例をあげると、タイムカードの打刻によれば残業時間は2時間である
にもかかわらず、残業時間申請は1時間であった場合で、残業時間について
残業時間申請に基づき把握されている場合などが該当します。特にチェーン
展開している飲食店では、タイムカードや勤怠管理システムにより労働時間
が管理されており、残業申請が事前に出される場合は多くないと思われます
が、上記の例の場合、使用者は、必要に応じて実態調査（従業員にタイム
カード等と申請された残業時間の乖離の理由を尋ねたり、店舗内の映像を確認す
るなど）を行う必要があります。

　そのほか、賃金台帳の適正な調製（労働基準法108条、労働基準法施行規則54
条）や労働時間の記録に関する書類の保存（労働基準法109条）なども適切に
行わなければなりません。

　以上のとおり、労働時間や労働時間管理方法については、いろいろと検討
すべきことがあり、適切な管理がなされていない場合、従業員との間で未払
賃金等の紛争を生じさせるおそれがあります。自社店舗の労働時間管理につ
いて不安がある方は、弁護士や社会保険労務士などの専門家に一度相談され
るのをおすすめします。

Q58 業務の一部を外部の者へ業務委託する場合の注意点

居酒屋をチェーン展開しています。本社における情報管理や保守業務について個人業者に委託したいと思っていますが、どのような契約を締結すべきでしょうか。雇用と業務委託の違いについて教えてください。

▶ ▶ ▶ Point

① 業務委託契約を締結している労務供給者の労働者性が認められる場合があり、その際には、想定外の不利益が発生する可能性があります。

② 労働者性の判断は、契約書の名称ではなく、多様な要素を総合的に考慮して判断されます。

③ 企業に業務委託し、受入先が当該企業の従業員に対し直接の指揮命令を行う場合には、偽装請負として、派遣法に違反する可能性があります。

1 業務委託契約

業務委託契約は、一般的に、特定の業務を委託することを内容とするものですが、売買契約や賃貸借契約など民法上の典型契約に該当しません。その法的性質はさまざまで、契約内容によって、民法上の典型契約である請負（同法632条）に近かったり準委任（同法643条・656条）に近かったり、両方が混ざっていたりするなどの場合があります。

これに対し、「雇用」契約（民法623条）は、「当事者の一方が相手方に対して労働に従事することを約し、相手方がこれに対してその報酬を与えることを約する」契約とされ、労働基準法などにおける労働契約と同一の概念とさ

れています。

　複数店舗を経営する会社においては、専門的スキルが求められる情報管理
や保守業務について、外部業者に委託し自社にて労務提供させる場合がある
と思われますので、以下では、関連する問題の所在などを検討します。

② 業務委託が雇用とみなされた場合のリスク

　たとえば、契約書の名称が業務委託契約書であっても、その内容・実態に
よっては雇用契約と解釈される場合があります。その場合には各労働法規が
適用されることになりますので、解雇権濫用法理の適用や、有給休暇の付
与、社会保険および労働保険にさかのぼって加入することによる保険料の支
払いなど、当初想定していなかった不利益が発生することになります。

　したがって、現在上記のような「業務委託」契約を締結している事業者
は、「雇用」契約と解釈される可能性があることを理解し、契約内容や就業
実態について一度見直す必要があるでしょう。

③ 雇用と業務委託の区別

　当該契約が雇用に該当するか否かの判断は、当該契約が労働契約にあたる
か否かによって判断されます。

　そして、労働契約は、「労働者が使用者に使用されて労働し、使用者がこ
れに対して賃金を支払うことについて、労働者及び使用者が合意することに
よって成立する」（労働契約法6条）とされています。この「使用されて労
働」、「賃金を支払うこと」は、労働者の定義規定である労働基準法9条の
「使用され」、「賃金を支払」うことと同義とされています。

　以上より、当該契約が労働契約（雇用契約）に該当するかは、労働者の定
義により判断されることになります。

　具体的な判断基準について、厚生労働省の「労働基準法研究会報告（労働
基準法の『労働者』の判断基準について）」や、過去の判例（最高裁平成8年11

月28日判決・判時1589号136頁、最高裁平成17年 6 月 3 日判決・民集59巻 5 号938
頁、最高裁平成19年 6 月28日判決・判時1979号158頁等）によれば、次のような
要素が総合的に考慮されています。

① 業務遂行上の指揮監督の有無

　　業務の内容および遂行方法について具体的な指揮命令を受けているこ
とは、労働者性を肯定する要素となります。もっとも、問題は指揮命令
の程度であり、委託者が通常行う程度の指示にとどまる場合には、具体
的な指揮命令を受けていると判断されないこともあり得ます。

② 仕事の依頼、業務従事の指示等に対する諾否の自由

　　仕事の依頼、指示等に対して諾否の自由を有していない場合、他人に
従属して労務を提供しており、対等な当事者間の関係といえないとし
て、労働者性を肯定する要素となります。

③ 通常予定されている業務以外の業務の従事

　　業務委託の内容として通常予定されている業務以外の業務に従事させ
ている場合には、労働者性を肯定する要素となります。

④ 時間的・場所的拘束の有無

　　勤務時間や勤務場所が指定され管理されていることは、労働者性を肯
定する要素となります。

⑤ 報酬の算定・支払方法

　　報酬の額が、当該企業において同様の業務に従事している正規従業員
と比較して較差が少なく、欠勤控除や残業時の手当などが支払われてい
る場合には、労働者性を肯定する要素となります。

⑥ 機械・器具等の負担関係

　　本人が所有する機械、器具が安価な場合には問題ありませんが、著し
く高価な場合には自らの計算と危険負担に基づいて事業経営を行う事業
者としての性格が強くなり、労働者性を否定する要素となります。

⑦ 専属性

　制度上・時間上の制約により、他社の業務に従事することが困難な場合などには、労働者性を肯定する要素となります。

4　個人業者ではなく企業に業務委託した場合のリスク

　本社（以下、「委託者企業」といいます）における情報管理や保守業務を専門企業に業務委託した場合、実際に労務を供給するのは、その専門企業の従業員（以下、「受託者従業員」といいます）となります。ここで、委託者企業が、受託者従業員に対し、直接指揮命令を行う場合、いわゆる偽装請負と判断される可能性があります。

　偽装請負と判断された場合には、労働者派遣事業の許可を受けない業者からの労働者派遣の受入れや派遣法上の派遣先が遵守すべき各義務違反があるとして、行政指導等や罰則適用の対象となるなどのリスクがあります。

　また、偽装請負においては、10年以上前から、「事業主責任の所在があいまいになり、必要な措置が図られず、死亡災害を始めとする重篤な労働災害の発生等労働者の安全衛生・労働条件確保上の問題が顕在化してきている」と指摘されるなど、社会的問題にもなっています（平成18年9月4日基発第0904001号、職発第0904001号参照）。

　なお、受け入れている従業員との間に指揮命令関係があるかの判断基準としては、「労働者派遣事業と請負により行われる事業との区別に関する基準」（昭和61年4月17日労働省告示第37号）が参考になります。

5　問題の顕在化を防ぐために

　各問題の顕在化を防ぐためには、経営者が問題の所在を理解し、契約書や就業実態の見直しを行うことが求められるとともに、必要に応じて、弁護士や社会保険労務士などの専門家と協議しながら適切に対応すべきでしょう。

Q59　フードデリバリーサービスの注意点

> 　感染症の拡大に伴い、フードデリバリーサービスを始めたいと思い
> ます。最近話題のフードデリバリーサービスの問題点などがあれば教
> えてください。

▶ ▶ ▶ Point
① 　シェアリングエコノミー型のデリバリーサービスで従事する者の労働者
　性は否定される可能性が高く社会的な問題となっています。
② 　今後、当該配送員に対する保障の充実が想定されます。
③ 　飲食店としては、シェアリングエコノミー型のデリバリーサービスに関
　する問題の所在を理解したうえで、自社のデリバリーについて検討してく
　ださい。

1　問題の所在

　自社でフードデリバリーサービスを始めることを検討する場合、自社従業
員によるデリバリーだけでなく、最近話題のシェアリングエコノミー（イン
ターネット上のウェブサイトを介して、相手方に特定の労務やサービスを提供す
るサービス）を介して集められた配送員を利用することを想起するでしょう。

　自社従業員は、自社と直接雇用契約を締結している者であり、万が一デリ
バリー中に事故が起きたとしても、労災保険の適用を受けることになりま
す。

　これに対して、シェアリングエコノミー（仲介者）を介して集められた配
送員は、自社と雇用契約を締結していないばかりか、当該仲介者との間でも
雇用契約を締結しておらず、「業務委託」契約の個人事業主として扱われて

いる場合が多くあります。そのため、労働者として労働関係法令による保護を受けておらず、デリバリー中に事故が起きたとしても、労災保険が適用されないという現状があります。

なお、配送員における契約態様はさまざまであり、店舗との間で業務委託契約が締結される（仲介者はあくまで契約当事者とならない）場合や、仲介者から雇用され、または業務委託を受ける場合などがあります。

もっとも、Q58で述べたように、業務契約であっても、契約内容・実態によっては雇用契約と解釈される場合があるため、当該配送員に労働者性が認められるかという点が問題の所在となります。

2 労働者性の判断

労働者性の判断基準については、Q58で述べたとおり、①業務遂行上の指揮監督の有無、②仕事の依頼、業務従事の指示等に対する諾否の自由、③通常予定されている業務以外の業務の従事、④時間的・場所的拘束の有無、⑤報酬の算定、支払方法、⑥器械・器具等の負担関係、⑦専属性などから判断されることになります。

今後も多様なシェアリングエコノミーが出てくることが想定されますが、①専用アプリ等でデリバリー依頼を受ける、②飲食店で商品を受け取り、指定する場所へ届ける、③デリバリー完了ごとに報酬を受け取るというのが、現在の内容であると思われます。

デリバリー依頼に対する応答率が一定の率を下回るとアプリが利用停止になるなど定められている場合もありますが、それが過大なものでない限り、基本的に仕事の依頼に対する諾否の自由は保障されているといえます。加えて、勤務時間や勤務場所の管理がされないこと、デリバリーに関して当然に必要な指示だけ行われること、報酬と一定時間の労務提供との対価関係が認められないことなどに鑑みれば、その労働者性は否定される可能性が高いといえます。

　なお、関連して、傭車運転手（注文主から商品等の運送業務を請け負って、自己所有の車両を用いて業務を遂行する者）に関する判例が参考になりますが、以下の諸要素を示したうえで、労働者性を否定しています（最高裁平成8年11月28日判決・判時1589号136頁）。

① 運送以外の別の仕事が指示されることはなかった

② 始業時刻、終業時刻が定められていなかった

③ 運賃表により出来高で報酬が支払われていた

④ トラックの購入代金やガソリン代などすべての経費を運転手により負担していた

③　社会的な動き

　関連する社会的な動きとしては、たとえば「ウーバーイーツユニオン」という日本初のプラットフォームワーカーの労働組合が発足し、交通事故での充実した補償や適切な報酬の実現を求めていることや、配送員の傷害補償制度が策定されるなどしています。

　また、たとえば、フランスでは、2016年にアプリで仕事の仲介を行う企業に対し、直接的な雇用関係がなくても労災保険や職業訓練の費用分担、団体交渉に応じることを定めた法律を制定するなど、一定範囲において労働者性を認めたり、労働者類似の法的保護を与えることが試みられています。加えて、英国最高裁判所（The Supreme Court of the United Kingdom）は、2021年2月19日、配車サービスのドライバーの労働者性を認める判決を下しており、日本の労働法制も同様の流れになる可能性があります。

④　飲食店としての対応

　飲食店としてフードデリバリーを自社従業員以外の方法で行う場合には、上記の問題が生ずることについて理解のうえ、自社従業員によるデリバリーと比較してより適切な方法を選択すべきでしょう。

Q60　従業員への賃金支払の注意点

従業員の賃金をどのように定めるべきか悩んでいます。賃金を定める際の注意点について教えてください。

▶ ▶ ▶ Point

① 賃金にはいくつかの原則や最低賃金法による規制があり、賃金体系を考える前提として理解しておく必要があります。

② 賃金体系や評価制度については、将来の紛争を避けるためにも、自社に即して適切に構築してください。

③ 飲食店ではアルバイトの雇用も多いため、いわゆる「同一労働同一賃金」に関する対応を検討する必要があります。

1　賃金のルール

賃金とは、「賃金、給料、手当、賞与その他名称を問わず、労働の対償として使用者が労働者に支払うすべてのもの」をいいます（労働基準法11条）。

賃金の支払いについては、次の①〜④の原則を守る必要があります（労働基準法24条）。

① 通貨払いの原則

法令もしくは労働協約に別段の定めがない限り、通貨以外のもので賃金を支払うことはできません。

② 直接払いの原則

従業員の法定代理人や任意代理人に対し、賃金を支払うことはできません。

③ 全額払いの原則

法令に別段の定めがあるか（給与所得税の源泉徴収（所得税法183条）など）、労使協定により定められている場合でなければ、賃金からの一部控除は認められません。

④　毎月一回定期払いの原則

賃金は、毎月一回以上、一定の期日を定めて支払わなければなりません（一般的に毎月の給料日が指定されていれば問題ありません）。

② 最低賃金

(1) 最低賃金制度

最低賃金制度とは、使用者が、最低賃金として定められた額以上の賃金を支払わなければならないとする制度であり、違反した場合には50万円以下の罰金（最低賃金法40条）、30万円以下の罰金（労働基準法120条1号）が課されることになります。

また、仮に、従業員の賃金を最低賃金よりも低い金額で合意していた場合には、当該合意は無効となり、労働契約の賃金額としては最低賃金額と同様の金額とみなされます（最低賃金法4条1項・2項）。その結果、未払賃金が発生することになり、使用者はその支払義務を負います。

(2) 最低賃金の確認方法

最低賃金の基準としては、産業や職種にかかわりなく都道府県内の事業場で働くすべての労働者とその使用者に対して適用される地域別最低賃金と、特定地域内の特定の産業の基幹的労働者とその使用者に対して適用される特定最低賃金があります。具体的な内容は、厚生労働省ホームページを参照してください。

最低賃金額は時間によって定められるため（最低賃金法3条）、最低賃金額違反の有無については、賃金形態に応じた確認が必要となります。

①　時給制

時間給≧最低賃金額（時間額）

259

② 日給制

日給÷1日の所定労働時間≧最低賃金額（時間額）

なお、日給が定められている特定最低賃金が適用される場合には、

日給≧最低賃金額（日額）

③ 月給制

月給÷1カ月の平均所定労働時間≧最低賃金額（時間額）

④ 店舗売上の出来高払制などの場合

出来高払制によって計算された賃金÷当該賃金計算期間に出来高払制によって労働視した総労働時間≧最低賃金額（時間額）

3 賃金体系・評価制度

飲食店における従業員の賃金体系は会社ごとにさまざまであり、典型例としては、社員について、月あたりの基本給と諸手当（通勤手当、家族手当など）、割増賃金が支払われ、アルバイトについて、時間給と諸手当、割増賃金が支払われるなどがありますが、自社に即した適切な制度設計が必要となります。

加えて、飲食店の特徴としては、アルバイト従業員が多く、（特に学生アルバイト従業員同士は）自身の時給額と他人の時給額を比べる傾向にあり、その内容に基づいて不満が生じやすいといえます。そのため、たとえば、従業員の評価シートを作成し、数カ月に一度それに基づく評価を行うなど、現在の賃金額である理由や、何を・どのように頑張れば・どの程度時給を上げることができるかなどについて可視化するような、適切な評価制度を策定することも必要であるとなるでしょう。

4 いわゆる「同一労働同一賃金」

(1) はじめに

正規雇用労働者（無期雇用フルタイム労働者）と非正規雇用労働者（有期雇

用労働者、パートタイム労働者、派遣労働者）との間の不合理な待遇差の解消をめざすために、短時間労働者の雇用管理の改善等に関する法律が改正されたため、使用者としては、いわゆる「同一労働同一賃金」について考える必要があります（大企業は令和2年4月1日、中小企業は令和3年4月1日より施行）。

　特に、飲食店では、アルバイト従業員などの非正規雇用労働者が他業種に比して多いと思われますので、一度は自社の賃金体系を見直すべきと思われます。パートタイム・有期雇用労働法に違反するか否かは次のとおり検討することになりますが、飲食店の場合、職務の内容や配置変更の範囲が異なると思われますので（社員はアルバイト従業員の業務のほか、売上や顧客管理の業務や他店への異動が多くありうるため）、③'の場合が多いと考えられます。

①　当該非正規雇用労働者の待遇（基本給や各手当等）と、当該事業所の正規雇用労働者との待遇と相違するか否か（YESなら②へ）

②　職務の内容、当該職務の内容および配置の変更の範囲、その他の事情を考慮して、当該非正規雇用労働者が、正規雇用労働者と同視すべきといえるか否か（YESなら③へ、NOなら③'へ）

③　非正規雇用労働者であることを理由として、賃金の決定、教育訓練の実施、福利厚生施設の利用その他の待遇について、差別的取扱いをしてはならない（パートタイム・有期雇用労働法9条）

③'　待遇差があること自体は問題ないが、その差が不合理と認められるものであってはならない（同法8条）。

　そして、③'の場合に、待遇の相違が不合理と認められるか否かは、個々の待遇（たとえば、個々の手当）ごとに、当該待遇の性質および当該待遇を行う目的に照らして適切と認められる考慮要素で判断されます（最高裁平成30年6月1日判決・民集72巻2号202頁）。この具体例については、厚生労働省の「短時間・有期雇用労働者及び派遣労働者に対する不合理な待遇の禁止等に関する指針」を参考にしてください。

⑵　違反の効果

　非正規雇用労働者に係る労働契約のうち、パートタイム・有期雇用労働法に違反する待遇の相違を設ける部分は無効となり、不法行為に基づく損害賠償請求が認められることになります。

　パートタイム・有期雇用労働法８条においては、短時間・有期雇用労働者と通常の労働者との待遇の相違が同条に違反する場合であっても、同条の効力により、当該短時間・有期雇用労働者の待遇が比較の対象である通常の労働者の待遇と同一のものとなるものではないと解されています。他方、同法９条は、待遇の相違自体を禁止しているから、賃金格差全額につき、損害賠償責任が認められると考えるべきでしょう。

　したがって、正規雇用労働者にのみ支給し、非正規雇用労働者には支給しない手当があるなどの場合、使用者においては、いわゆる「同一労働同一賃金」に違反しないかの検討が必要となることに留意すべきです。

5　最後に

　賃金体系や評価制度を適切に構築することは、上記のとおり各専門的な知見を要するため、弁護士や社会保険労務士などの専門家と十分に協議のうえ、見直してみてはいかがでしょうか。

Q61　固定残業代制度について

従業員への残業代支払いを定額にできるという固定残業代制度について少し耳に挟みました。制度の概要と同制度をとる場合の注意点があれば教えてください。

▶▶▶ Point

① 固定残業代制度は、時間外労働・休日労働・深夜労働の有無にかかわらず、一定時間分の時間外労働などについて割増賃金を定額で支払う制度です。また、その有効要件としては、主として、ⓐ明確区分性、ⓑ対価性、ⓒ差額支払合意の存在があげられます。

② 固定残業代制度が無効となった場合のリスクとして、高額の未払残業代が発生するというだけではなく、労働基準法37条違反として罰則が課せられる可能性があります。

③ 固定残業制度導入の際には、特に①のⓑ対価性要件や労働条件の不利益変更該当性などに注意してください。

1　固定残業代制度

⑴　はじめに

固定残業代制度とは、時間外労働（いわゆる残業）・休日労働・深夜労働の有無にかかわらず、一定時間分の残業などについて割増賃金を定額で支払う制度のことです。典型例としては、標準的な月間勤務時間が160時間である従業員の賃金を、「基本給35万円、固定残業代8万円（20時間分）」と定めるような場合があります。

飲食店アルバイト従業員の賃金体系はほとんどの場合で時給制であり、本

制度がとられることは多くないと思われますが、社員（店舗運営、事務職問わず）については、以下のメリット・デメリットを理解したうえで本制度の導入を検討してみてもよいでしょう。

⑵　固定残業代制度のメリット・デメリット

固定残業代制度のメリット・デメリットについては、使用者側と労働者側で〔表6〕のように整理できます。

〔表6〕　固定残業代制度のメリット・デメリット

	メリット	デメリット
使用者	・残業代計算の負担が緩和される ・未払残業代請求に対する抑制となる	・従業員の残業時間が規定の固定残業時間より少なくても一定の残業代を支払う必要がある
労働者	・残業が少ない月でも安定した収入を見込める	・一定程度の残業が見込まれる職場で就業することになる場合が多い

② 固定残業代制度の有効要件

固定残業代の支払いが有効とされるための要件に争いはあるものの、裁判例においては、主として、以下の要件があげられています。本制度を導入する際には、最大リスクを想定するという観点から、そのすべてを満たす制度構築を検討すべきでしょう。

①　明確区分性（通常の労働時間の賃金と固定残業代部分が判別できること）

上記典型例のように、通常の労働時間の賃金が「基本給35万円」、20時間分の「固定残業代8万円」などと時間数と金額が明示されていない場合（たとえば、「給料40万円（固定残業代を含む）」）、明確区分性が認められない可能性あります。

②　対価性（一定額の割増賃金に代わる趣旨で支払われていること）

判例上、対価性については、「雇用契約に係る契約書等の記載内容のほか、具体的事案に応じ、使用者の労働者に対する当該手当や割増賃金

に関する説明の内容、労働者の実際の労働時間等の勤務状況などの事情を考慮して判断すべきである」と考えられています（最高裁平成30年7月19日判決・判時2411号124頁）。

③　差額支払合意（労働基準法所定額に不足する場合における不足額の精算合意）

固定残業代制度は、実際の残業時間が当該固定残業代によって把握されている労働時間数を超過した場合の、超過部分に係る残業代の支払を免除する制度ではないという点に留意すべきです。

④　その他

固定残業代が予定する残業時間数が月間80時間などと長時間定められている場合には、労働者の健康を損なう危険のあるものであり、当該固定残業代制度は公序良俗（民法90条）に違反し、無効と判断した裁判例があります（東京高裁平成30年10月4日判決・労判1190号5頁）。

③ 固定残業代制度が無効と判断された場合

固定残業代制度が無効と判断された場合、未払残業代が存在するというだけではなく、当該固定残業代も残業代計算における基礎賃金に組み込まれることとなり、時間単価ひいては残業代金額が極めて高いものになるほか、労働基準法37条違反として罰則（6カ月以下の懲役または30万円以下の罰金）を課せられる可能性があります。

④ 固定残業代制度を導入する際の注意点

固定残業代制度導入時のよくある間違いは、使用者側は、固定残業代のつもりであるものの業務手当などの残業代名目で支給していない場合です（前記②の対価性）。この場合には、残業代とは別個のものと判断される危険性があり、当該業務手当とは別に残業代（時間外手当）を支払わなければなりません（その際の残業代の算定の基礎は当該「業務手当」を含む金額となり、過大

な金額となることが想定されます）。そこで、本制度を採用する際には、就業規則や賃金規程等に、「業務手当」の支給が固定残業代としての支給であることを明記することや、そもそもの支給名目を「固定残業代」などとすべきです。

　また、本制度を導入する際には、すでに在籍中の従業員にとって、労働条件の不利益変更を伴う場合もあるということに注意が必要です。仮に、労働条件の不利益変更に該当する場合には、従業員と合意するか（労働契約法9条）、または同変更が「合理的な」変更である必要があります（同法10条）。

Q62　未払残業代請求と労働審判の申立て

　退職した従業員（管理監督者扱い）から未払残業代請求の内容証明郵便が届き、どう対応してよいかわからず放置していたところ、従業員から労働審判を申し立てられることになりました。労働審判の制度概要とどのように対応すべきかを教えてください。

▶ ▷ ▶ Point
① 　労働審判制度は、訴訟と比較して解決までの期間が短く、紛争の実情に沿った柔軟な解決を図ることができます。
② 　申立人・相手方ともに特に第 1 回期日の事前準備が極めて重要です。
③ 　審判の結果に不服がある場合には、適法な異議を行うことにより同審判の効力は失われ、通常訴訟に移行します。

1 　労働審判制度

(1)　はじめに

　労働審判制度とは、労働者と事業主との間の個別労働紛争（解雇や雇止め、配転等の効力が問題となる紛争、賃金や退職金等の支払いを求める紛争など）に関し、裁判所において裁判官（労働審判官）および労働関係に関する専門的な知識経験を有する者（労働審判員（労働者側 1 名、使用者側 1 名））で組織する委員会（労働審判委員会）が、事案の実情に即した解決を図ることを目的とした紛争処理手続です（労働審判法 1 条・ 7 条・ 9 条）。

(2)　主な特徴

　労働審判制度の主な特徴としては、特別な事情がある場合を除き、原則 3 回以内の審理期日で終結し（労働審判法15条 2 項）、それまでに、調停の成立

による解決の見込みがある場合にはこれを試み、調停が成立しない場合には、当事者間の権利関係および労働審判手続の経過を踏まえて、事案に即した解決をするために必要な審判を行う（同法20条1項）という点にあります。

(3)　労働審判の手続

㋐　申立て〜第1回期日

労働審判手続は、申立人がいかなる請求についてどのような審判を求めるのかを簡潔に記した、「申立ての趣旨及び理由」を記載した申立書を提出することから始まります（労働審判法5条）。なお、申立書には、「申立ての趣旨及び理由」以外にも、予想される争点や当事者間の交渉経緯なども記載されます（労働審判規則9条各号）。

その後、特別の事由がある場合を除き、申立日から40日以内の日に第1回期日が指定され、（労働審判法14条、労働審判規則13条）、相手方による答弁書の提出期限が定められます。答弁書には、申立ての趣旨に対する答弁、申立書記載の事実に対する認否のほか、答弁を理由づける具体的な事実など、充実な記載が必要となります（同規則16条各号）。

未払の割増賃金請求を内容とする労働審判を申立てられた場合、答弁書の一例としては【資料3】のような構成になると思われます。

㋑　第1回期日〜

第1回期日おいては、当事者の陳述を聴いて争点および証拠の整理をし、可能な証拠調べを行い、当事者間の合意でまとまる余地がないか調停が試みられることになります（労働審判法15条1項・17条、労働審判規則21条1項・22条）。

また、第2回期日以降においても、必要と認める証拠調べが行われるほか、引き続き調停が試みられることになりますが、当事者は、やむを得ない事由がある場合を除き、第2回期日が終了するまでの間に主張および証拠書類の提出を終了させなければなりません（労働審判規則27条）。

そして、どうしても調停が成立する見込みがない場合、審理を終結したう

え、審判が行われることになります。

　なお、この審判に対して、当事者は、審判所の送達または労働審判の告知を受けた日から2週間以内に異議の申立てをすることができ、適法な異議があった場合には労働審判の効力は失われることになり、地方裁判所に訴えの提起があったものと擬制され、通常訴訟に移行することになります（労働審判法21条・22条）。

2　労働審判期日対応のポイント

　第1回労働審判期日においては、労働審判官および労使双方の労働審判員の自己紹介がなされた後、争点の確認や証拠調べがなされます。労働審判における証拠調べは、労働審判官や労働審判員が、労働者本人や会社経営者（担当者）に直接質問する形式により行われますので、適切な人選と入念な準備が必要になります。

　未払割増賃金請求事案では、たとえば、申立人が主張する就業時間と実態に乖離があることなどについて争うことが想定され、申立人が所属している店舗責任者により、実際の就業状況を説明させるべきと考えられます。そのため、具体的な準備としては、労働審判期日に出席する店舗責任者を答弁書作成段階から打合せに同席させることや、期日前に想定問答の練習をすることが考えられます。なお、代理人弁護士の役割は、基本的に当事者のサポート（複雑な事実関係の説明や法的主張など）と考えるべきでしょう。

　一通り証拠調べが終了すると、当事者双方は席を外し、労働審判委員会による協議が行われ、その後、各当事者が別々に呼び出され、労働審判委員会の心証開示とともに意向を聴取されることになります。未払割増賃金請求事案において、（申立人の主張が一定程度認められる場合には）会社はいくらまでであれば解決金を支払う意思があるかについて聴取されることが想定されますので、その金額を検討しておくべきでしょう。

　以上のように、労働審判は、通常の訴訟に比べて早期の紛争解決が図られ

うるものでありますが、それゆえ、入念な準備を行う必要がありますので、専門家とも十分に協議しながら、対応することをおすすめします。

【資料3】　答弁書記載例

```
（別紙）
令和○年（労）第○号　未払割増賃金等請求労働審判事件
申立人　○　○　○　○
相手方　○　○　○　○
　　　　　　　　　　　　　　答　弁　書
　　　　　　　　　　　　　　　　　　　　　　令和○年○月○日
○○地方裁判所　御中
　　　　　　　　　　　　　　　　　　　　　　　　○　○　○　○
　　　　　　　　　　　〒○○○‐○○○○　○○県○○市○丁目○番○号
　　　　　　　　　　　　　　　電話　○○‐○○○○‐○○○○
　　　　　　　　　　　　　　　FAX　○○‐○○○○‐○○○○


第1　申立ての趣旨に対する答弁
　1　本件申立てはいずれも棄却する
　2　申立費用は、申立人の負担とする
　との審判を求める。
第2　申立書「申立ての理由」に対する認否
　・・・・・・・
第3　申立書「予想される争点及び争点に関する重要な事実」に対する認否
　・・・・・・・
第4　申立書「申立てに至る経緯の概要」に対する認否
　・・・・・・・
第5　相手方の主張
　1　申立人の「監督若しくは管理の地位にある者」（労働基準法41条2号）該当性
（注）
　　・・・・・・
　2　申立人において虚偽の労働時間が申告されていたこと
　　・・・・・・
　3　○○手当は割増賃金の算定基礎に含まれないこと
　　・・・・・・
第6　まとめ
```

（注）「監督若しくは管理の地位にある者」（労働基準法41条2号）に該当する場合、労働時間・休憩・休日に関する同法上の規定の適用を受けないため、割増賃金を支払う必要がないことになります（深夜割増賃金を除く）。なお、「監督若しくは管理の地位にある者」とは、経営者と一体的な立場にある者の意味であり、これに該当するかどうかは、「店長」などの名称にとらわれず、その職務と職責、勤務態様、その地位にふさわしい待遇がなされているか否か等、実態に照らして判断すべきとされており、その認定基準は非常に厳格で、裁判例において管理監督者性が肯定された例は極めて少ない状況です。

Q63 従業員を普通解雇する場合の注意点

欠勤、遅刻などを頻繁に繰り返し、注意指導をしても全く改善されない従業員を普通解雇したいと考えています。解雇の際、どのような点に注意すべきか教えてください。

▶ ▶ ▶ Point

① 解雇とは、使用者による労働契約解約の意思表示のことです。なお、労働基準法その他の法令により、民法上の定めが規制されています。

② 勤怠不良を理由とする解雇の場合に解雇権濫用に該当しないためには、タイムカードや日々の指導記録などの客観的記録を日頃から準備しておきましょう。

③ 解雇が無効になると、解雇通告以降も労働契約が継続していたことになるため、使用者は、当該労働者に対して解雇通告からの賃金相当額を支払わなければいけません。

1 解 雇

解雇とは、使用者による労働契約解約の意思表示をいい、使用者が労働者を懲戒する目的で行う懲戒解雇と、その他の普通解雇があります。また、普通解雇の中には、労働者の事由に基づく個別解雇と、企業の経営上の事由に基づく整理解雇（Q64参照）があります。

民法上、期間の定めがあれば期間到来により、またはやむを得ない事由があればそれ以前でも解雇ができると定められています（民法628条）。また、期間の定めがない場合には、いつでも解約の申入れをすることができ、その雇用は、解約申入れの日から2週間の経過により終了すると定められていま

す（同法627条）。

2　解雇に関する法規制

　民法上は前記1のとおり定められているものの、解雇に関しては〔表8〕のとおり各法規制があります。

〔表7〕　解雇に関する法規制

根拠規定	内容
労働基準法20条1項本文	解雇しようとする場合においては、少なくとも解雇日の30日前に解雇予告を行わなければならず、同予告を行わない使用者は、30日分以上の平均賃金を支払う義務を負う。
労働基準法19条	労働者が業務上の傷病の療養のために休業する期間とその後の30日間および女性の産前6週間、産後8週間とその後30日間における期間中の解雇は禁止される。
労働基準法3条・4条	国籍、社会的身分、性別等を理由とする差別解雇は禁止され無効となる。
労働基準法104条2項	労働基準監督官へ労基法違反事実を申告したことを理由とする解雇は禁止され無効となる。
男女雇用均等法9条3項	女性労働者が婚姻、妊娠、出産または労働基準法65条の産前産後の休業をしたことを理由とする解雇は禁止され無効となる。
育児介護法10条・16条	労働者が育児休業・介護休業申出をし、または育児休業・介護休業をしたことを理由とする解雇は禁止され無効となる。
労働組合法7条1号	労働組合員であること、労働組合に加入しまたは結成しようとしたこと、正当な労働組合活動をしたことを理由とする解雇は不当労働行為として禁止され無効となる。
労働基準法38条の4第1項6号	企画業務型裁量労働制の適用に同意しなかった労働者の解雇は禁止され無効となる。

個別労働関係紛争解決促進法 4 条 3 項・5 条 2 項	個別労働紛争解決促進法に基づく助言、指導、あっせん申請をしたことを理由とする解雇は無効となる。
派遣法49条の 3 第 2 項	派遣法違反の事実を申告したことを理由とする解雇は禁止され無効となる。
労働契約法16条	解雇は、客観的に合理的な理由を欠き、社会通念上相当であると認められない場合は、その権利を濫用したものとして、無効とする。

3 解雇の有効性

(1) 普通解雇事由該当性

労働者は、雇用契約に基づき、使用者の指揮監督に従って労務を提供すべき義務がありますので、就業規則や毎月のシフト表で定められた始業時刻から終業時刻までの全部または一部において労務を提供しない場合には、雇用契約上の債務不履行となり、就業規則上の普通解雇事由に該当する可能性があります。

もっとも、単に数回の遅刻や欠勤では、普通解雇事由に該当する程度の債務不履行状態とまでは認められない場合もありますので、数回の遅刻や欠勤をもって即解雇の有効性が認められるのは難しいでしょう。

(2) 解雇権濫用法理

解雇権の濫用に該当するか否かについては、勤怠不良の回数だけでなく、その程度、期間、態様、欠勤の理由、実務に及ぼした影響（たとえば、繁忙期の営業で出勤人数が少ないにもかかわらず欠勤したため、店舗の座席数を制限して営業せざるを得なかったなど）、注意指導の内容回数等と当該従業員の改善の見込み、注意指導に対する対応、当該労働者の過去の勤務成績等を考慮して判断されます。

仮に裁判で解雇の有効性が争われた場合には、使用者側として、解雇権濫用にあたらないと主張する必要があるため、タイムカードや、注意指導の具

体的内容を記録した資料（たとえば、日時、注意者名、注意の原因、注意の内容、改善の確認など）を日頃から準備しておくべきです。

4　解雇が無効となる場合

　解雇が無効になると、解雇通告以降も労働契約が継続していたことになるため、使用者は、当該労働者に対して解雇通告からの賃金相当額を支払わなければなりません（いわゆる「バックペイ」）。

　なお、労働者が解雇通告から解雇が無効となるまでの間、他で就労して賃金を得ている場合には、同利益を支払うべき賃金額から控除することができますが（最高裁昭和62年4月2日判決・判時1243号126頁）、労働基準法26条が休業期間中の労働者に6割の賃金を保証していることから、4割以上の控除は難しいと考えられています。

Q64　雇止めをする場合の注意点

> 長年雇用していたアルバイトの勤務態度に関する店舗内評判が悪く、契約更新を求められていますが、断ろうと思います。雇止めや無期転換権の概要、および、その際どのような点に注意すべきか教えてください。

▶▶▶ Point

① 有期労働契約の期間満了後にその更新を拒絶する（雇止めをする）ためには、客観的に合理的な理由があり、社会通念上相当であると認められなければならない場合があります。

② 紛争を予防するためにも、契約更新を適切に管理することや次回の不更新契約を締結することなどが考えられます。

③ 通算契約期間が５年を超える有期契約労働者には無期転換権が発生します。

1 雇止めの法理

(1) 有期労働契約に関する雇止め法理

雇止めとは、有期労働契約において、期間満了後に更新を拒否すること（期間満了を理由として労働契約を終了させること）をいいます。飲食店では、アルバイト従業員を雇用する場合が多いと考えられますが、そのほとんどが有期労働契約となっていると思われます。

有期労働契約は、期間が満了すれば当然に終了するものであり、原則として、解約の意思表示を新たに必要とするわけではありません。

しかし、①過去に反復更新された有期労働契約で、その雇止めが無期労働

契約の解雇と社会通念上同視される場合（労働契約法19条1号）、または②有期労働契約の更新に合理的な期待がある場合（同法19条2号）、使用者が雇止めをすることが、「客観的に合理的な理由を欠き、社会通念上相当であると認められないときは、使用者は、従前の有期雇用契約の内容である労働条件と同一の労働条件で当該申込みを承諾したものとみなす」と規定されており、上記の原則が修正されています。

雇止め法理は、有期雇用労働者の雇用継続への期待の保護を趣旨としているといえます。

(2) 雇止めの正当性の判断基準

過去の裁判例によると、雇止めの正当性は、①当該雇用の臨時性・常用性、②契約更新の回数、③雇用の通算期間、④雇用期間・更新手続などの管理の状況、⑤当該雇用における雇用継続の期待をもたせる言動・制度などの事情を総合的に考慮して判断されています。

仮に黙示の更新がなされている場合（民法629条1項）などには、④使用者も期間満了で契約が終了するという効果意思をもっていないと考えられてもやむを得ず、雇止めの正当性を否定する要素となります。

したがって、長年雇用していたアルバイトの契約更新を拒絶することは困難である場合が多く、専門家と十分に協議のうえ、その対応を検討すべきです。

(3) 紛争の予防

紛争の予防のために考えられる手段としては、まず、有期労働契約の更新を適切に管理することが考えられます。たとえば、当該アルバイトの技能・勤務態度・健康状態・職場に与える雰囲気など、更新判断の資料を作成し、期間満了の1カ月前くらいに面談して、従業員としての適格性を勘案したうえで契約更新の有無を決定するなどの対応が必要です。

また、更新時に次回の不更新契約を締結することも考えられますが、当該アルバイトへの十分な説明を行うことや新たに締結する雇用契約書に不更新

条項を追記し、その署名押印をしてもらうなどの徹底した対策をとる必要があります（大阪地裁平成17年1月13日判決・労判893号150頁）。

　なお、有期労働契約の締結および更新・雇止めに関しては、厚生労働省の告示「有期労働契約の締結、更新及び雇止めに関する基準」も参考になります。

② 無期転換権の付与

(1)　無期転換制度の定義

　民法上、有期労働契約が複数回更新されたとしても、労使間の合意がなければ、無期労働契約に転換しないのが原則です。

　しかしながら、労働契約法18条1項は、「同一の使用者との間で締結された二以上の有期労働契約……の契約期間を通算した期間……が5年を超える労働者が、当該使用者に対し、現に締結している有期労働契約の契約期間が満了する日までの間に、当該満了する日の翌日から労務が提供される期間の定めのない労働契約の締結の申込みをしたときは、使用者は当該申込みを承諾したものとみなす」と規定しており、上記の原則を修正しています。

　そのため、契約期間が5年以上のアルバイト従業員から、使用者に対し、無期労働契約の締結の申込みを受けた場合には、同契約は、無期労働契約になります。

　なお、飲食店のアルバイトは、一度退職した数カ月後に再度同じ店で就業を希望する場合があると思いますが、有期労働契約の満了日と次の労働契約の初日との間に6カ月以上（直近の有期労働契約の契約期間が1年に満たない場合には同契約期間の半分以上）の空白期間があれば、前の期間は通算契約期間に算入されないことに留意すべきでしょう（労働契約法18条2項）。

(2)　無期転換権の放棄

　無期転換権が発生する前、つまり通算契約期間5年以内に転換権を事前に放棄させることは、厚生労働省の通達「労働基準法施行規則等の一部改正に

ついて」より、「雇止めによって雇用を失うことをおそれる労働者に対して、使用者が無期転換申し込み権の放棄を強要する状況を招きかねず」無効と解されています。

　他方、転換権が発生した後の事後的な放棄については、当該労働者の真意に基づくものであれば有効と考えられますので、無期転換権の行使を望まない場合には、当該アルバイトに十分に説明を行い、書面により転換権の事後的な放棄を受けるべきでしょう。

Q65 人員削減をする場合の注意点

> 感染症の拡大に伴い売上が激減したため、人員削減をしたいと思います。その手段の一つである、「整理解雇」の概要と整理解雇を行う場合にどのようなポイントに気をつけるべきか教えてください。また、その他に有用な人員削減方法についてあわせて教えてください。

▶ ▶ ▶ Point

① 人員削減の手段として、整理解雇よりも労働契約の合意解約をめざしてください。

② 整理解雇を行うハードルは非常に高いです。

③ ポイントは、ⓐ人員削減の必要性、ⓑ人員削減の手段として整理解雇を選択することの必要性、ⓒ被解雇者選定の妥当性、ⓓ手続の妥当性です。

1 人員削減のための手段

　労働契約が終了する事由としては、死亡などの当事者の消滅以外に、大きく「解雇」（使用者の一方的な意思表示による労働契約の解約）、「辞職」（労働者の一方的な意思表示による労働契約の解約）、労働契約の「合意解約」（両当事者の合意による労働契約の解約）があります。

　この点、そもそも労働契約においては、法的にも極めて強い労働者保護の要請を受けるため、業績の悪化のみを理由として、最終手段たる解雇という人員削減手段が正当化されることは困難と考えられています。

　また、労働者側も、感染症の拡大等を原因として出勤日数が減るなどにより、一定程度収入が低くなることが考えられるため辞職を申し出ることは考えがたく、労使双方の合意による契約の解消、すなわち労働契約の合意解約

により人員削減を図るのが実務的な方策となります。

　以下では、感染症等を理由とした業績悪化時の解雇、つまり整理解雇の概要や有効性判断のポイント、その他の人員削減手段（労働契約の合意解約）について検討します。

2 解雇権濫用法理・整理解雇の4要素

　長期雇用慣行が一般的な日本における解雇は、客観的に合理的な理由を欠き、社会通念上相当であると認められない場合は、その権利を濫用したものとして、無効とされます（解雇権濫用法理。労働契約法16条）。

　そして、「整理解雇」は、労働者の責めに帰すべき理由によらない解雇であり、多くの裁判例（最高裁昭和58年10月27日判決・労判427号63頁等）が、その判断において、①人員削減の必要性、②人員削減の手段として解雇回避努力義務の履行、③被解雇者選定の妥当性、④手続の妥当性という四つの要素を総合的に考慮しています。

3 感染症等による業績悪化に基づく整理解雇

　以下では、感染症の拡大等により飲食店の業績が悪化した場合の整理解雇について、前記2①～④のポイントを検討してみます。

(1) 人員削減の必要性

　人員削減措置の実施が、企業経営の十分な必要性に基づいていること、ないしは企業の合理的な運営上やむを得ない措置と認められるか否かがポイントになります。

　この点、感染症による業績悪化の程度が、人員削減によって達成されなければならない程度に達しているといえない場合（他の経費削減によって達成できる場合）には、人員削減の必要性は否定されます。

　過去の裁判例によると、人員削減の必要性を裏づける財務諸表等の客観的資料を使用者が提出していない場合（東京地裁平成18年1月13日決定・判時

1935号168頁）や、整理解雇を行いつつ新規採用をするといった矛盾した行動を使用者がとっていた場合（大阪地裁平成13年7月27日判決・労経速1787号11頁）などには、人員削減の必要性が否定されています。

(2)　人員削減の手段として整理解雇を選択することの必要性

当該企業にとって、可能な限りの措置により解雇を回避するよう努力を尽くしたか否かがポイントとなります。

使用者は、整理解雇を行う前に、残業の削減、新規採用の手控え、余剰人員の配転・出向・転籍、非正規労働者の雇止め・解雇、一時休業、希望退職者などの募集、役員報酬の削減などの手段をとって、解雇を回避する真摯な努力を行う信義則上の義務（以下、「解雇回避義務」といいます）を負うと考えられています。もっとも、どの措置を行えば、解雇回避義務を果たしたと画一的に定められるものではないことに留意すべきです。

たとえば、チェーン展開している飲食店などでは、急激に売上が下落した店舗を一時休業し、残業の多い他店舗に配置転換することなどが解雇回避の努力といえるでしょう。また、感染症の影響により、各助成金制度の要件が緩和されたこともあり、会社が支払った休業手当の一部の助成が容易となる可能性が高く、整理解雇前に労働者を休業させて休業手当を支払うなどの措置をとっていない場合には、解雇回避義務を果たしていないと判断される可能性があります。

(3)　被解雇者選定の妥当性

前記(2)で述べた解雇回避の努力を尽くしてもなお整理解雇を行う必要がある場合、使用者においては、人数や合理的な人選基準を定め、その基準を公正に適用して被解雇者を決定しなければなりません。

人数や基準の設定は、使用者側で決定するものですが、違法な差別的基準や抽象的で客観性を欠く基準を設定することは許されないと考えられており、そのような基準を設定して行った整理解雇が無効と判断される可能性があります。合理的な基準例としては、評価期間や項目、評価方法を客観的・

具体的に定めた企業への貢献度などが考えられます。

(4)　手続の妥当性

　整理解雇は、労働者に帰責事由がないのに解雇する手続ですので、使用者においては、労働組合または労働者に対して整理解雇の必要性とその時期・規模・方法につき納得を得るために説明を行い、さらに対象者と誠意をもって協議すべき信義則上の義務を負うと考えられています。

４　整理解雇ではなく合意解約をめざして

　確かに整理解雇は、使用者が一方的に実施することにより労働契約を終了させることが可能であるというメリットはあります。

　しかし、仮に解雇の無効を争う訴訟等が提起された場合には、時間的・経済的コストが相応にかかり、敗訴した場合には解雇時から判決までの賃金相当額の支払い（バックペイ）を余儀なくされ、結果として大きなデメリットが生じることになりかねません。また、前記２①〜④についての判断は、裁判で争われた場合に、企業の経営状況、企業規模、従業員構成等に照らして、個別具体的な判断がされることになり、その予測可能性は決して高くありません。

　したがって、整理解雇は最終手段とし、上乗せ退職金等の支払いを前提とした労働契約の合意解約を検討することが現実的であるといえるでしょう。

　その際の重要なポイントとしては、従業員に退職勧奨を行う際に退職強要に至る言動を避けなければならないこと、上乗せ退職金や転職支援を行うことなどが考えられます。

　最後に、いずれの方法をとるにせよ、人員削減は従業員の生活を脅かすものである以上、対象者への説明内容や方法なども含め、弁護士などの専門家とも十分に協議しながら、事業継続のための最善の選択をとることが求められるでしょう。

Q66 退職する従業員に競業避止義務を課す場合の注意点

従業員が退職する際に、競業避止義務を課したいと考えています。競業避止義務の概要や、同義務を課す際にどのような注意が必要か教えてください。

▶ ▶ ▶ Point

① 労働契約期間中の競業避止義務は、原則として労働契約の終了により消滅します。

② 退職する従業員との間で退職後の競業避止義務に関する合意が締結された場合であっても、当該従業員の職業選択の自由の不当な制限となるものは、公序良俗に違反して無効となります。

③ 退職した従業員が競業避止義務違反をした場合には、競業行為の差止めや不法行為責任などの追及が可能となる場合があります。

1 退職後の競業避止義務

退職する従業員に対し、退職後も競合する他企業への転職や同業種の開業を制限するという義務を、競業避止義務といいます。

労働契約期間中の競業避止義務は、就職時に締結する雇用契約書や誓約書、または就業規則に規定されることなどにより課されることが一般的です。同義務は、あくまで労働契約の付随的義務である以上、退職後においては原則として消滅することになります。

他方、退職後に競業避止義務を課せないとなると、人材流出や秘密情報流出、顧客奪取などのリスクを負うことになるため、退職する従業員に対して

も、競業避止義務を課す一定の必要性があると考えられます。

　この点、誓約書の提出や双方の合意などにより、退職後の従業員に対し競業避止義務を課すことは、当該従業員の職業選択の自由（憲法22条１項）を制限することになります。具体例としては、Ａ飲食店で勤めた従業員が、そこで得た専門的な技能や知識を活かすことができるＢ飲食店への就業を制限され不利益が生じる場合などが考えられます。

　以下では、上記の相対する利益との関連で、競業避止機義務に関する合意の有効性の判断枠組みや、同義務を課す場合の注意点、同義務違反者への対応について検討します。

2　競業避止義務に関する合意の有効性判断

　退職後の従業員に課された競業避止義務の有効性が争われた過去の裁判例（奈良地裁昭和45年10月23日判決・判時624号78頁等）によると、一般的に、①退職者の退職前の職種・地位などに照らして競業を禁止する合理的理由があること、②競業が禁止される業種・期間・地理的範囲が限定されていること、③競業避止の代償として対価が支払われていることなどの要素を総合的に考慮し、その制約が合理的範囲を超え、労働者の職業選択の自由の不当な制限となる場合には、当該競業避止義務に関する合意は、公序良俗（民法90条）に違反して無効となるという判断枠組みが用いられています。

　①　退職者の退職前の職種・地位などに照らして競業を禁止する合理的理由があること

　　単純な調理の方法などその知識や技能がごく一般的なものにすぎない場合などには、そのような職種・地位にあった従業員に、退職後の競業避止義務を課すことに合理的な理由は認められないと考えられます。

　　他方、営業秘密と考えられるようなノウハウや顧客名簿など重要性の高い情報に触れていた従業員については、競業を禁止することに合理的な理由が認められる場合もあると考えらえます。

②　競業が禁止される業種・期間・地理的範囲が限定されていること

　業種や地理的範囲については、当然ながら退職前に従事していた業務や地理的範囲に収まっていれば合理的限定と判断される可能性はあります。しかし、広範な制限を課すものについてはその必要性が厳格に判断されるため、たとえば、「○○県内の飲食店全般」という範囲で競業避止義務を課すことについて合理的限定と判断されることはないでしょう。

　また、期間的範囲については、2年以上の期間限定で有効とされた例はほとんどないという点に留意すべきです。

③　競業避止の代償として対価が支払われていること

　退職後に競業避止義務を課すことは、上記のように当該従業員の職業選択の自由を制限することになるため、退職金を相当程度割増して支給するなどの代償措置がなされたと認められない限り、競業避止義務に関する合意が有効と認められることは困難と考えられています。

③ 競業避止義務を課す際の留意点

上記の競業避止義務に関する合意の有効性判断基準を踏まえると、退職後に競業避止義務を課す場合の留意点は以下のとおりです。

①　営業秘密と考えられるようなノウハウや顧客名簿の不当な流出防止を目的とすること
②　①に関する秘密に触れていた従業員を対象とすること
③　①に関する秘密や顧客に関連する職種・地位で新たに就業しようとする場合であること
④　短期間であること（最長でも2年。実務上1年程度の期間設定が多い）
⑤　代償措置を講ずること

4　違反者への対応

　元従業員の同業他社への転職が競業避止義務違反に該当する場合、または営業秘密を漏洩しているなどの場合には、一般的に、競業行為・漏洩行為の差止（仮差止）請求や損害賠償請求が考えられます。また、当該競業避止義務違反行為の背信性が著しい場合には、割増して支給する退職金の減額や支給済退職金について不当利得返還請求をすることも考えられます。なお、あらかじめ誓約書等にその旨規定されている必要があります。

　これらの請求が争いになった場合には、そもそも誓約書等の規定との関係で競業避止義務違反に該当するのか、退職後の競業避止に関する合意の有効性について争点になることが想定されます。

　退職後の従業員に競業避止義務を課す場合には、弁護士などの専門家とも十分に協議しながら、適切に対応することをおすすめします。

Q67 従業員に対する情報管理対策

昨今、従業員による Twitter など SNS による情報漏洩のニュースをよく見ます。従業員の情報管理対策をどのように講じるべきか教えてください。

▶▶▶ Point

① 従業員は、雇用契約や就業規則に明文の定めなくとも、使用者に対して秘密保持義務を負います。

② 秘密保持義務違反を理由に懲戒処分を行うためには就業規則への明記が必要です。

③ 違反者に対する対応としては、懲戒処分のほか損害賠償請求や不正競争防止法上の各措置があるところ、それぞれの要件を満たす必要があります。

1 従業員の秘密保持義務

従業員は、労働契約上、使用者に対して誠実に業務を遂行する義務を負い、その付随的義務として、当然に秘密保持義務を負うと考えられています。そのため、雇用契約や就業規則に明文の定めがなくとも、従業員は、使用者に対し同義務を負います。

もっとも、飲食店においては、たとえば門外不出のレシピに触れることや芸能人の来店に接する機会などが想定され、昨今 SNS での情報漏洩が社会的問題となっていることに鑑みれば、採用時に誓約書の提出を求めるなどして、秘密保持意識を高める対応が望ましいといえます。

② 秘密保持義務違反に対する対応（懲戒処分）

　使用者が従業員を懲戒処分するには、まず、あらかじめ就業規則において懲戒の種別および懲戒事由を定めておくことが必要となります。

　次に、懲戒事由に該当する場合であっても、その「懲戒が、当該懲戒に係る労働者の行為の性質及び態様その他の事情に照らして、客観的に合理的な理由を欠き、社会通念上相当であると認められない場合は、その権利を濫用したものとして、当該懲戒は、無効」となりますので（労働契約法15条）、実際に懲戒処分を下す場合には、弁護士などの専門家との十分な協議が望ましいでしょう。

　なお、秘密保持義務違反の程度が著しく、会社に重大な損害を与えた場合には、懲戒処分の中でも最も厳格である懲戒解雇が有効と判断された裁判例（東京高裁昭和55年2月18日判決・労民集31巻1号49頁）もあります。

③ 秘密保持義務違反に対する対応（損害賠償請求）

　次に、従業員による秘密保持義務違反が確認できた場合、使用者の営業の利益を侵害する不法行為として、民法415条に基づき損害賠償を請求することが考えられます。

　もっとも、仮に秘密保持義務違反が確認できたとしても、それにより損害が生じたことを立証できなければ、損害賠償請求はできません。たとえば、ある従業員が、自身のSNS（フォロワー10人の鍵アカウント）に勤務先の門外不出のレシピを投稿することは、確かに秘密保持義務違反に該当するとも思われますが、それによって自店舗の損害が発生したといえる場合は極めて限られているでしょう。

　したがって、秘密保持義務違反に対する対応として損害賠償請求を行うことには、高いハードルがあると考えられます。

4　秘密保持義務違反に対する対応（不正競争防止法上の措置）

(1)　営業秘密

　秘密情報が、不正競争防止法上の「営業秘密」に該当する場合（同法2条6項）、その不正取得行為や使用・開示行為（同条1項5号）は、同法上の不正競争にあたります。

　そして、秘密情報が営業秘密に該当するためには、次の三つの要件を充足する必要があります（不正競争防止法2条6項）。

　①　秘密管理性——秘密として管理されている情報であること

　②　有用性——事業活動に有用な技術上または営業上の情報であること

　③　非公知性——公然と知られていないこと

(2)　営業秘密を侵害した場合の措置

　「営業秘密」を侵害された企業としては、まず不正競争行為の差止請求や予防請求（不正競争防止法3条1項）、侵害行為を組成した物の廃棄また侵害行為に供した設備の除去（同条2項）、信用回復措置請求（同法14条）などができます。

　また、損害賠償請求（不正競争防止法4条）もできるところ、損害額の推定等に関する規定（同法5条）や、その他立証負担を軽減するための規定がおかれていることから、前記3の損害賠償請求と同様の高いハードルはないといえます。

　なお、営業秘密不正取得罪（不正競争防止法21条1項1号）などの刑事罰の規定もあるため、刑罰法規に基づく刑事告訴等も考えられるところです。

(3)　不正競争防止法上の措置をとるための体制づくり

　上記のような不正競争防止法上の措置をとる前提として、企業が守りたいと考える情報が、「営業秘密」に該当、つまり前記①～③を充足しなければなりません。

　要件①については、情報が秘密の程度に応じて明示的に区分されているこ

と（たとえば「秘」、「極秘」など）や、そのアクセス権限を有する者が限定されている場合（たとえば店長のみなど）には、本要件を充足する可能性が高いと考えられます。

　なお、営業秘密の具体的な管理方法については、経済産業省が策定した営業秘密管理指針が参考になります。

　また、要件②については、過去の裁判例によると、財やサービスの生産、販売、研究開発に役立つ事業活動にとって有用なものであることが必要であると解されており、有用性判断は、主観的ではなく客観的に判断されます。典型的なものとして顧客名簿や接客対応、仕込みのマニュアルなどが考えられます。

　そして、要件③については、たとえば、全国展開のチェーン店の店長格以上が知りうる情報であったとしても、各自に守秘義務が課されていれば本要件を充足すると考えられているため、「営業秘密」として保護したい情報については、適切に守秘義務を課すことが求められるといえるでしょう。

〔編者所在地〕

一般社団法人フードビジネスロイヤーズ協会

〒102-0093　東京都千代田区平河町 2 - 7 - 4　砂防会館　別館 A 4 階

TEL：050-7586-2881／03-6912-3811　FAX：03-6912-3812

〔執筆者紹介〕

(執筆順)

〔第 1 章・第 2 章（Q 1 ～Q 5 ）〕

石﨑　冬貴（イシザキ　フユキ）　　弁護士法人横浜パートナー法律事務所

〒231-0021　神奈川県横浜市中区日本大通 7 番地　日本大通 7 ビル 8 階

TEL：045-680-0572　　FAX：045-680-0573

〔第 2 章（Q 6 ～Q10）〕

荒武　宏明（アラタケ　ヒロアキ）　　find a way 法律事務所

〒550-0004　大阪府大阪市西区靱本町 2 - 2 -22　ウツボパークビル 2 階

TEL：06-6131-6195　　FAX：06-6131-6196

〔第 3 章（Q11～Q16）〕

黒嵜　隆（クロサキ　タカシ）　　弁護士法人フロンティア法律事務所

〒102-0093　東京都千代田区平河町 2 - 7 - 4　砂防会館　別館 A 4 階

TEL：03-6912-3811　　FAX：03-6912-3812

〔第 3 章（Q17～Q22）〕

松本　達也（マツモト　タツヤ）　　よつば総合法律事務所千葉事務所

〒260-0015　千葉県千葉市中央区富士見 1 -14-13　千葉大栄ビル 7 階

TEL：043-306-1110　　FAX：043-306-1114

〔第 4 章（Q23〜Q34）〕

奥村　克彦　（オクムラ　カツヒコ）　奥村・岡田総合法律事務所

〒604-0904　京都府京都市中京区新椹木町通竹屋町上る西革堂町184
オクムラビル 2 階

TEL：075-257-6033　　FAX：075-212-3670

〔第 4 章（Q35〜Q38）・第 5 章（Q39〜Q45）〕

村岡つばさ　（ムラオカツ　バサ）　よつば総合法律事務所千葉事務所

〒260-0015　千葉県千葉市中央区富士見 1 -14-13　千葉大栄ビル 7 階

TEL：043-306-1110　　FAX：043-306-1114

〔第 6 章（Q46〜Q56）〕

川端　克俊　（カワバタ　カットシ）　弁護士法人遠藤綜合法律事務所

〒101-0041　東京都千代田区神田須田町 1 - 2　淡路町サニービル 3 階

TEL：03-3255-4561　　FAX：03-3255-4563

〔第 6 章（Q57〜Q67）〕

髙　芝元　（コウ　チウォン）　弁護士法人淀屋橋・山上合同

〒541-0046　大阪府大阪市中央区平野町 4 - 2 - 3　オービック御堂筋ビル 9 階

TEL：06-6202-7821　　FAX：06-6202-3375

〈トラブル相談シリーズ〉

飲食店経営のトラブル相談Q&A

2021年9月16日　第1刷発行

定価　本体2,700円＋税

編　　　者　一般社団法人フードビジネスロイヤーズ協会

発　　　行　株式会社民事法研究会

印　　　刷　藤原印刷株式会社

発 行 所　株式会社　民事法研究会

〒151-0073　東京都渋谷区恵比寿 3 - 7 -16

〔営業〕TEL03(5798)7257　FAX03(5798)7258

〔編集〕TEL03(5798)7277　FAX03(5798)7278

http://www.minjiho.com/　　info@minjiho.com

落丁・乱丁はおとりかえいたします。ISBN978-4-86556-456-3 C2332　￥2700E

ビジネス法文書を作成するために必要な知識やノウハウなど詳しく解説！

ビジネス法文書の基礎知識と実務

弁護士　花野信子　編著

A5判・264頁・定価 2,750 円（本体 2,500 円＋税 10%）

▶ビジネス上、基本的に抑えておくべき請求書・警告書・催告書・通知書など、代表的なビジネス法文書 71 の書式例と作成上の注意点を詳解！

▶具体的事例と共に、ビジネスプロセスのどの段階で、どのような書面を、どのような考えで準備するのかを当事者双方の立場から解説！

▶コロナ禍で注目される電子化の動向について、電子取引・電子契約・文書管理法の視点から紹介！

▶企業の法務担当者はもとより、あらゆるビジネスマンや若手弁護士・司法書士にも役立つ実務入門書！　新社会人にも最適！

本書の主要内容

第1編　ビジネス法文書の基礎知識
　第1章　ビジネス法文書の特徴
　第2章　ビジネスプロセスとビジネス法文書
　第3章　ビジネス法文書作成上の留意点
第2編　ビジネス法文書の作成実務
　はじめに
　第1章　ビジネス法文書のフォーマット
　第2章　請求書
　　I　基礎知識／II　請求書の典型例と留意すべき
　　事項／III　その他の請求書の記載例と留意すべき
　　事項／IV　請求書への応答例
　第3章　警告書
　　I　基礎知識／II　警告書作成時の六つのポイント／III　各種警告書の記載例と留意すべき事項
　第4章　催告書
　　I　基礎知識／II　各種催告書の記載例と留意すべき事項／III　催告書への応答例

第5章　通知書
　I　基礎知識／II　通知書の典型例／III　各種通知書の記載例と留意すべき事項
第6章　承認・確認・拒絶の文書
　I　承認／II　確認／III　拒絶
第7章　社内向け文書

Legal Documents for Business
ビジネス法文書の基礎知識と実務
弁護士 花野信子〔編著〕

請求書・警告書・催告書・通知書など、
代表的なビジネス法文書71の書式例と
作成上の注意点を詳解！
■ビジネスプロセスのどの段階で、どのような書面を準備する
必要があるか、当事者双方の立場から解説した至便な手引書！
■コロナ禍で注目される電子化の動向について、電子取引・
電子契約・文書管理法の視点から紹介！
発行 ◎ 民事法研究会

発行　民事法研究会

〒150-0013　東京都渋谷区恵比寿 3-7-16
（営業）TEL. 03-5798-7257　FAX. 03-5798-7258
http://www.minjiho.com/　info@minjiho.com

研修用テキストや対応マニュアルとして最適!

〈実務必携Q&Aシリーズ〉

クレーマー対応の
実務必携Q&A
──知っておくべき基礎知識から賢い解決法まで──

岡本健志　香川希理　川田　剛　木村裕史
斎藤悠貴　鈴木哲広　藤川　元　北條孝佳　著

A5判・331頁・定価 3,520 円(本体 3,200 円+税 10%)

▶いまや大きな社会問題化している「不当クレーム」、「悪質クレーム」をめぐって、さまざまな具体例を取り上げて正しい対応のあり方と賢いトラブル解決の仕方について、どなたでも理解できるようにわかりやすく解説した待望の書!

▶消費者の誤解に基づく過剰な権利意識などが原因となって、悪質クレーマーによる被害が年々増加傾向にある中で、企業にとっては、社会的信用と従業員の健康や職場環境を守るために、全社あげての積極的な取り組みが急務!

▶本書は、暴力団などの反社会的勢力対策や弁護士業務妨害対策に長年携わり、日頃から悪質クレーマー問題の相談・交渉・解決に取り組んできた8人の弁護士が培ってきた知識・経験を踏まえて実践的ノウハウを余すことなく開示!

▶サービス産業の現場担当者・責任者から企業・行政などでクレーマー対策に携わる関係者や弁護士などの法律実務家にとっても必携の書!

本書の主要内容

 I 総　論
 II クレームとは何か
 III 正当クレームと不当クレームの区別
 IV クレーム対応の基本
 V 法的対応
 VI 専門家(弁護士)への依頼

第2部　実践的クレーム対応Q&A
 I 効果的なクレーム対応手続の流れ(Q1〜Q6)
 II クレーマーと面談する際の留意事項(Q7〜Q11)
 III クレーム対応の具体的な方法(Q12〜Q16)
 IV 不当要求への対処法(Q17〜Q24)
 V ウェブサイトやSNSの投稿に関するトラブルへの対処方法(Q25〜Q29)
 VI ウェブサイト等にサイバー攻撃を受けた場合の対処法(Q30〜Q33)
 VII クレーマーへの法的対応の基礎知識(Q34〜Q38)
 VIII 弁護士に依頼する場合の基礎知識(Q39〜Q43)

第3部　関連書式集(27件)

第4部　参考資料　悪質クレーム対策(迷惑行為)アンケート調査結果(UAゼンセン)

〒150-0013　東京都渋谷区恵比寿 3-7-16
(営業) TEL. 03-5798-7257　FAX. 03-5798-7258
http://www.minjiho.com/　info@minjiho.com

私的アカウントによる不祥事から公式アカウントによる活用まで、必要な対策を網羅！

SNSをめぐるトラブルと労務管理〔第2版〕
―事前予防と事後対策・書式付き―

村田浩一・大村剛史・高 亮・渡辺雪彦 著

A5判・298頁・定価 3,520円（本体 3,200円＋税10％）

▶新型コロナウイルス対策での外出自粛の影響により、増加傾向にあるSNS上の誹謗中傷。なく ならない従業員等によるSNSに関する不祥事から企業はどう防衛するか、規定類の整備や社内 研修等の予防策から、調査・処分・対外発表等の事後対策まで、労務管理の観点から詳説！

▶第2版では、最新事例や裁判例・法改正に対応したほか、SNSによる副業をめぐる問題を新た に解説するとともに、ケーススタディも追加した最新版！

▶企業の人事・労務担当者、弁護士、社会保険労務士等の必携書！

発行 民事法研究会

〒150-0013 東京都渋谷区恵比寿 3-7-16
（営業）TEL. 03-5798-7257 FAX. 03-5798-7258
http://www.minjiho.com/ info@minjiho.com